思考力 読解力 伝える力 が伸びる

ハーバードで学んだ

最高の読み聞かせ

The Most Effective Way to Read Books with Children

大阪女学院大学・短期大学学長
加藤映子

かんき出版

「読み聞かせ」と聞いて、あなたはどんな光景を思い浮かべますか？

親が絵本を読み、それを子どもが静かに聞いている。
多くの人がこんな光景を思い浮かべることでしょう。

じつは、こんな「いつもの読み聞かせ」に、あることをプラスするだけで、
子どもの能力が飛躍的に伸びる方法があります。

それは、読み聞かせの最中に
親子で「やりとり」をすること。

たったこれだけのことで、

「自分で考える力（思考力）」

「読解力」

「自分の意見を言う力（伝える力）」

など、社会を生き抜くために必要なさまざまな能力を育むことができるのです。

本書では、時間もお金もかけずに、子どもの能力を伸ばす、
絵本読み聞かせのメソッド

「ダイアロジック・リーディング」

を紹介します。

ダイアロジック・リーディングで伸ばせる子どもの能力

読解力
理解力
インプット力

思考力
ロジカルシンキング
想像力
クリエイティビティ

伝える力
文章力
主張する力
表現力

見る力
観察力
注意力
感受性

知識
語彙力

聞く力
傾聴力
集中力
記憶力

はじめに——読み聞かせで子どもの「思考」と「ことば」を育もう

ＡＩの台頭やグローバル化、フェイクニュースの拡散などが叫ばれています。インターネットやメディアを通じて、大量の情報が入ってくる時代に求められるのは、情報の真偽を判断できる力や、自分にとって必要な情報を選びとる力です。

わかりやすく言うと、

「ネットやテレビではこう言っているけれど本当なのだろうか？」

「先生の言っていることは本当に正しいのかな？」

「この情報は自分にとって役に立つものなのか？」

と自分自身で考える力です。

もちろん、その考えを相手に論理立てて主張する力も重要です。

「自分の頭で考える力」そして「自分の考えを相手に伝える力」、きっと読者のみなさんも、我が子にこのような力をつけてほしいと考えているとことでしょう。

私たち日本人は、これまで「先生の話は黙って素直に聞く」よう教育されてきました。しかし、世界ではこれと真逆の教育が行われています。

それは、「人の言うことを鵜呑みにするのではなく、一から自分の頭で考えましょう」という教育です。

この傾向は、欧米だけでなく、シンガポールや中国などアジアでも広がっています。もはや「世界の常識」といっても過言ではないのです。

私は28歳でアメリカの大学に留学しました。

そこで学びはじめたばかりのころ、はじめて「アメリカ史」のテストを受けたときの驚きはいまでも忘れることはできません。

これまで見たこともないような問題が出されたからです。

私が日本の学校で受けてきた歴史のテストのほとんどは、主要な出来事とそれが起こった年を覚えるものでした。アメリカでも似たようなものだろうと思ってテストに臨んだのですが、設問を見た瞬間、頭のなかが真っ白になりました。

2割程度は暗記で解ける問題でしたが、それ以外のほとんどが論述式。

設問自体も、「今学期に学んだアメリカ史のなかからひとつ出来事をとり上げ、後世にどのような影響を与えたかを論ぜよ」というように、自らの視点で分析することが求められたのです。

「アメリカ史」にかぎらず、それから受けたテストはどれも「暗記もの」的な問題が少なく、自分で考え、論ずることを求められるものが大半でした。**しかも、教授と意見が異なっていても、論点が明確な答案であれば歓迎されることにも驚きました。**

テストだけではありません。そもそも講義からして、日本の学校のように「先生が正しい知識を伝授する」というスタイルではないのです。

先生方は、「僕はこういう研究をして、こんなことを考えている。違う視点があったら言ってみろ」という姿勢で講義をしています。

学生たちも、先生が「これについてどう思う?」と聞くと、みんな挙手もせずにわーっと好きなことを発言します。もちろん、先生もそれを歓迎している。それどころか、「クラス・パーティシペーション（授業への貢献）」といって、意見を多く言うことが評価の基準のひとつともされています。

黙って先生の講義を聞くのが授業ではなく、常に「自分で考えなさい」「自分の意見を言いなさい」と求められる。

はじめて留学したときに感じた日米の学び方、教え方の違いに対する驚きは、この本のテーマである絵本の読み聞かせともつながっています。

自分で考え、意見を言うことが求められるアメリカの教育。
知識の伝授が中心である日本の教育。
この違いは、現在も続いています。けれども、確実に変化も起きています。
たとえば文部科学省は、２０２０年から実施される新しい学習指導要領について、「これからの社会が、どんなに変化して予測困難な時代になっても、自ら課題を見付け、自ら学び、自ら考え、判断して行動し、それぞれに思い描く幸せを実現してほしい」

という目的を掲げています（「平成29・30年改訂学習指導要領のくわしい内容」）。

国の教育方針自体が、「自分で考える力」を重視する方向に動いているのです。

その背景にある時代の変化は、みなさんも実感していることと思います。

誰もがスマートフォンを持っていて、わからないことがあればすぐに調べられるようになった現代。

知識を持っているだけでは価値はなく、自分が得た知識をどう使っていくのか、が問われる時代になったということです。

仕事をするなかで、「決められたことをやるだけではなく、自ら考え、新しいアイデアを生み出すことが重視されるようになった」と実感されている方も多いでしょう。

また、業種や職種を問わず、プレゼンテーションなどで自分の考えを表現する機会も増えています。

さらに、グローバル化にともなって、これまでのようになんとなく考えを察し合える相手とだけ仕事をしているわけにはいかなくなっています。異なる文化背景を持った人々を相手に、自分の意見を明確に述べなければいけない場面はますます多くなってきます。

こうした変化に対応できる教育として、日本でも「自分で考え、意見を述べる力」を養うことが重視されはじめているのでしょう。

そうなると、教育のごく初期の段階から行われる絵本の読み聞かせにも新しい役割が期待されます。

読み聞かせは、新しい時代の教育においても、最適な教材のひとつです。

私が最初に留学したボストン大学での専攻は英語教育でした。その後、修士課程に進学したハーバード教育学大学院では、「子どもとことば」という第一言語習得に関する研究テーマに出合いました。

ハーバードの教授陣は、移民の子どもたちの学習における問題や、どのような環境が子どものことばの発達を促すかについての研究を行っており、そのひとつの分野が、「読み聞かせと子どものことばの発達」でした。

このような学びを深めていった私は、読み聞かせ中の母子のやりとりの日米の比較と、母親の読み聞かせに対する考え方の違いを博士論文のテーマとしました。

研究を積み重ねるなかでわかってきたことは、両者の違いは、先ほど述べたようなアメリカと日本との教育環境の違いにもつながっているということ。

そして、今後、日本でも必須になる「自分で考える力」「自分の意見を言う力」を養うためには、アメリカで行われている読み聞かせからどのような点を学ぶべきか、これまでの日本の読み聞かせに加えて新たに取り入れるべき手法とは何か、といったことが見えてきました。


それが、本書で紹介する「ダイアロジック・リーディング」です。


ダイアロジック・リーディングとは、アメリカの研究者が提唱している子どもと対話しながら行う絵本の読み聞かせのことです。

この本では、私のこれまでの研究成果をもとに、ダイアロジック・リーディングのやり方を中心に、子どもの「思考力」と「伝える力」を育む読み聞かせとは、どんなものなのかを紹介していきます。

幼少期の子どもに対する読み聞かせの重要性は、多くの人が認識しています。日常的に読み聞かせをしているご家庭も多いことでしょう。

そのやり方を少し変えるだけで、子どもの読書の〝質〟は上がります。そして、子どもの能力を飛躍的に伸ばすことができるのです。

本書が、みなさんに子育てのヒントと親子の笑顔を提供することができれば、これほどうれしいことはありません。

2020年10月　大阪女学院大学・短期大学学長　加藤 映子

第1章

これだけ違う! 日本とアメリカの読み聞かせ

第2章

子どもの能力がぐんぐん伸びる ダイアロジック・リーディング

第3章

今日からできる!
ダイアロジック・リーディング実例集

第4章

ダイアロジック・リーディングで伸ばせる能力とその問いかけ

第5章

ダイアロジック・リーディングの効果を最大化する工夫とコツ

ブックデザイン　西垂水敦・市川さつき・松山千尋（krran）
カバーイラスト　うてのての
編集協力　郷和貴
DTP　野中賢（株式会社システムタンク）

第1章

これだけ違う！
日本とアメリカの読み聞かせ

なぜ読み聞かせをするのか？

小さな子どもを持つ親の多くは、日々、絵本の読み聞かせをしているのではないでしょうか。

では、みなさんの考える「絵本の読み聞かせをする理由」とはいったいなんでしょうか？　どんな効果を期待して読み聞かせをされているのでしょうか？

少し考えてみてください。

読み聞かせの目的を問うアンケート調査は、国内のさまざまな研究機関や企業が実施しています。その結果を踏まえると、回答はだいたい次の5つに集約されます。

❶ 親子のコミュニケーションを図るため
❷ 情操教育のため
❸ 本好きになってもらうため／活字に慣れてもらうため
❹ 集中力を養うため
❺ 言語教育のため

これ以外にも、「寝かしつけのため」という現実的な回答もあるでしょうが、私が行ってきたヒアリングやフィールドワークを振り返っても、日本ではほとんどの親がこの5つのどれかを目的に読み聞かせをしています。

事実、絵本の読み聞かせは、この5つに大きな効果を発揮します。

そのなかでも、本書では「⑤言語教育」にフォーカスして考案された読み聞かせの手法である「**ダイアロジック・リーディング**」を紹介していきます。

では、なぜ「言語教育」なのか?

絵本は子どもに新しい語彙《ごい》や表現を教える最高の教材です。読み聞かせのとき、大人が使うことばは豊かで洗練され、日常語とは違った抽象性を持っていることが指摘されています。つまり、普段の会話とは違った、美しく吟味されたことばを子どもに聞かせ、読ませる機会になっているというわけです。

この点はご納得いただけるでしょう。

とくに子どもがことばを爆発的に習得しはじめる時期（だいたい2歳前半）になると、いまがチャンスだと言わんばかりに「この動物は何？」「このお花は何色？」といった問いかけを積極的にしながら、さまざまなことばを覚えさせる親は少なくありません。

研究者の間でも、幼児期の絵本の読み聞かせは、子どもの言語発達をはじめさまざまな能力の向上と大きく関係することが繰り返し指摘されています。

さらに、**義務教育での学習がどのくらいうまくいくかと、読み聞かせの経験は深く関係していることもわかっています。**

ところが、日本では、子どもが4歳、5歳と成長するにつれ、「ことばを教える」

という意識が薄れる親が多いように感じます。実際、読み聞かせの頻度も3歳をピークに減るのが一般的ですし、さまざまなアンケート結果を見ても「言語教育のため」という理由を挙げる親は、先に挙げた①〜④の理由と比べるといっきに減ります。

これは教育機関でも同じです。私が行った幼稚園の先生方へのアンケートでは、「本好きになる」という効果に注目する回答が多かった一方で、絵本を読む理由として、「ことばの発達」を挙げた先生は少数でした。

本書で言語教育にフォーカスした「**ダイアロジック・リーディング**」という読み聞かせをテーマにしようと考えた理由がここにあります。

「**ダイアロジック・リーディング**」を実践すると、**ことばの発達だけでなく、「伝える力」や「思考力」「読解力」をはじめとする、社会を生き抜いていくための基礎力となる、さまざまな能力を育むことができます。**

詳しくは後述しますが、「ダイアロジック・リーディング」は、私たち日本人が、これまでやってきた一般的な読み聞かせの方法とは、まったく違うものです。

じつは、日本人がこれまで行ってきた読み聞かせは、先ほど挙げた①〜④の理由に対

する効果は期待できる反面、「⑤言語教育」、とくに、社会を生き抜くために大切なスキルである「思考力（自分で考える力）」や「読解力（文章の内容を理解する力）」「伝える力（自分の意見を言う力）」などを伸ばすことには向いていないのです。

その理由は、ダイアロジック・リーディングが生まれた国であるアメリカと、日本の読み聞かせに対する考え方の違いを紐解けばわかります。

少し解説していきましょう。

読み聞かせに対する日米の考え方の違いとは?

日米の親子を対象に、読み聞かせのやり方にどんな違いがあるのかを研究していたとき、一緒に調査をしていたアメリカ人の先輩研究者に、こう言われたことがあります。

「日本の親子って、ほほえましいよね」

読み聞かせをするとき、日本の親は子どもを自分の膝の上に座らせたり、横に座らせたりして、子どもの顔をときどきのぞき込んで目を合わせながら、おだやかな雰囲気のなかで絵本を読んでいくのが普通です。

その親子の仲のいい姿が、とてもほほえましいというのです。

では、これと比較して、アメリカの親子の読み聞かせはどうかというと、わかりやすく言えば「勉強」です。

絵本は、ことばを学ぶための教材。読み聞かせは、英語の読み書きができるようになるための勉強。

それが読み聞かせのスタンダードだと思っていたアメリカの研究者からすると、日本の親が子どもを慈しむようにして絵本を読み聞かせる姿は、とてもほほえましく見えたというわけです。

じつは、日本とアメリカの読み聞かせの違いは、この点と関係しています。

次ページ上段の表のように、アメリカでは、読み聞かせをする親は、はっきりと**「絵本はことばを教える教材である」**と考えています。

読み聞かせを開始する時期も異なります。私が3歳児の母親および、5歳児の母親に行ったアンケートでは中段の表のような結果となりました。

これを見ると、日本の母親は赤ちゃんがことばを発するようになるころから読み聞かせをはじめたと答えたのに対し、アメリカの母親は、それより1年ほどはやく読み聞かせをはじめていることがわかります。

●絵本の言語教育効果に対する期待●

	日本	アメリカ
語彙の獲得	46.15%	88.30%
リーディングスキルの発達	19.23%	76.38%
読み書き能力の発達	19.23%	72.43%
話しことばの発達	30.77%	70.21%
本への興味を促す	15.38%	73.40%

アメリカの親は、
絵本の持つ
「言語教育」効果に
対する期待が
総じて高い

●いつから読み聞かせをはじめたか?●

	日本	アメリカ
3歳児の母親	13.96カ月	4.88カ月
5歳児の母親	13.79カ月	5.89カ月

アメリカでは、
日本より約1年
はやく読み聞かせを
はじめている

●子どもとどんな本を読みますか?●

	日本	アメリカ
ひらがな(ABC)	26.80%	78.72%
数の絵本	16.03%	70.21%
乗り物、動物他の絵本	39.74%	81.91%
物語	26.92%	84.04%
昔話	74.36%	45.74%

日本では、絵本を
通じ「倫理感」を、
アメリカでは、
「言語」を教えようと
している

また、「子どもとどんな絵本を読みますか?」という質問にもはっきりと違いが見られました(前ページ下段)。

アメリカでは、文字や数字、乗り物といった情報を扱う絵本、物語を読むことが多いのに対し、日本では、このようなタイプの絵本ではなく、『舌切りすずめ』や『桃太郎』といった昔話が多く読まれていることがわかります。

昔話に出てくる倫理観を子どもたちに伝えたいと思っているのでしょう。

一方、アメリカの母親は絵本とことばの発達を関連づけていることがわかります。

私は何も「アメリカはこうだから日本人もこうすべきだ」と言いたいわけではありません。アメリカ人の言語教育に対する意識が高いのは、日本語と英語の言語構造の違いに理由があります。

日本語の場合、まずひらがなを習得することになりますが、いくつかの例外はあるとしても、1つの音が1つの文字で表記されます。

それに対して、英語の場合、「a」という文字が、appleやcakeのように文字の組み合わせにより、発音が異なります。

「ＡＢＣソング」のように、１つひとつのアルファベットを読めたとしても、ひらがなの組み合わせのようにはいきません。

事実、私がアメリカで週に一度観察に訪れていた幼稚園でも、「子どもが文字を読めるようになるか」が親の関心事でした。

日本のように、本を好きになってもらいたい、豊かな感性を養いたい、といった目的が主ではなく、アメリカの親ははっきりと「ことばを教えるために絵本を読み聞かせる」という目的を持っているのです。

アメリカの親は、「きちんと教えなければ、自分の子どもが文字を読み書きできるようにならない」という危機感を切実に持っています。

だから、「勉強」として絵本の読み聞かせをするのです。

日本の読み聞かせに足りないのは「やりとり」

日米の読み聞かせの違いは、言語構造の違いから生まれていると書きましたが、アメリカの親がしている読み聞かせの「やり方」から学ぶべきことはたくさんあります。

では、具体的に読み聞かせのやり方のどこがどう違うのでしょうか。

結論を先に言うと、読み聞かせをするとき、日本の親子はあまりやりとりをしません。

親が子に問いかけ、子どもがそれに答える（あるいはその逆）というやりとりがアメリカの親子に比べて少ない。基本的に、親の話を子どもが黙って聞いている、という読み聞かせなのです。

私がこのことに気づいたのは、ハーバードでの研究を通じてでした。

私がはじめて読み聞かせの研究にかかわったのは、修士課程のときのことです。

「Language and Culture（言語と文化）」というクラスをとっていたとき、そのクラスのTF（ティーチング・フェロー。教員をサポートして、学生の指導にあたる博士課程の大学院生）に研究の手伝いを頼まれました。

彼女は、博士論文の前に提出する論文のテーマとして、日本人親子の読み聞かせの研究を行おうとしていました。その調査を手伝ってほしいというのです。

このときは、夏休みを利用してボストンに住む日本人の母子2組を訪問して、読み聞かせの様子をレコーディングさせてもらいました。

その後、4年間の留学を終えて帰国した私は、日本でも読み聞かせについての調査を続けました。実際に家庭で行われている読み聞かせの様子を取材させてもらい、データを収集していったのです。

こうして調査を続けていくなかで気づいたことが、

「日本人の親子は、読み聞かせをするときにやりとりをしない」

ということでした。

親は絵本の文章をひたすら読んでいく。子どもはそれを黙って聞いている。どちらも何かを問いかけたり、口を挟んだりといったことがほとんどないのです。

その後、再度アメリカに留学し、ハーバードの博士課程に入ったときには、この調査をもとにして論文を書きました。「日本の親子は読み聞かせのときにやりとりをしない」ということを、データをもとにして検証したのです。

この論文を見た指導教授からは、こんなアドバイスをもらいました。「日本の親子は読み聞かせのときに話さない、やりとりをしないことはわかった。では、字のない絵本を使ったらどうなるだろう?」

字のない絵本といえば、ディック・ブルーナの『じのないえほん』(石井桃子訳・福音館書店)が有名ですが、文章のない絵本はほかにもたくさんあります。

カナダのウォータールー大学の研究者が行った調査によると、「文字のない絵本」

と「文字のある絵本」では、前者のほうが親子間でより活発なやりとりがなされていたと報告しています。

たしかに、そういう絵本であれば、親は何かを自分で考えて話さないわけにはいきません。すると、それに反応して子どもも何かを話す、というのです。

さっそく私は、アレクサンドラ・デイの、『グッド・ドッグ・カール（Good Dog, Carl）』（Little Simon）という絵本を素材にして調査をはじめました。

この絵本は、お母さんが買い物に出かけている間、犬のカールが赤ちゃんを見ているように頼まれる話です。お母さんの化粧品をいたずらしたり、水槽を泳いだりする元気のいい赤ちゃんを、カールが一生懸命お世話する様子が絵だけで愉快に描かれています。

では、文字が書かれていない『グッド・ドッグ・カール』で読み聞かせをしたら、日本の親子の読み聞かせは変化したのでしょうか。

結果は同じでした。

ほとんどの親は、絵に描かれた状況をことばで説明し、話を進めていくだけでした。子どもも同様で、親が進めていく話を静かに聞いているだけです。

つまり、字のない絵本を使っても、やはり日本の親子の読み聞かせでは、やりとりは行われなかったのです。

あくまでも、親はお話を読む、子どもは静かにそれを聞く、というのが日本での読み聞かせであることがわかりました。

うるさいくらいにしゃべるアメリカの子どもたち

教授からは、研究についてもうひとつ助言をもらっていました。「日米の読み聞かせを比較してみなさい」ということです。

そこで、今度は日米の親子を対象にして、同じ絵本の読み聞かせのやり方がどう違うのかを調べてみることにしました。

幸いにも、アメリカの親子については、すでに別の研究者が読み聞かせの様子を記録したデータがありました。その調査で使われたのと同じ絵本を題材にして、日本の親子についても調べれば比較研究ができます。

このときに素材にしたのが、フランク・アッシュの『クマくんのやくそく』（山本文生訳・評論社）です。

『クマくんのやくそく』は、空を飛びたいクマくんと、大きくなりたい小鳥が、おたがいの願い事をかなえるために工夫したり努力したりする、という筋なのですが、子どもにとってはなかなかややこしい話が出てきます。

たとえば、小鳥の「大きくなりたい」という願い事をかなえるために、クマくんは小さなカボチャを買ってきます。カボチャの表面に小鳥の絵を彫ると、カボチャが成長するにしたがって小鳥の絵も大きくなっていきます。クマくんは、こうやって小鳥を大きくしてあげようとするわけです。

一方、小鳥はというと、「空を飛びたい」というクマくんの願い事をかなえるために、凧を使うことを思いつきます。凧にクマくんの絵を描いて飛ばせば、クマくんが空を飛んだことになるだろうというわけです。

こういった理屈は、子どもにはなかなか理解が難しいと思います。

どうして、カボチャが大きくなると小鳥が大きくなるのか？　どうして、凧が空を飛んだら、クマくんが空を飛んだことになるのか？　疑問に感じるのが普通です。

これは、日本の子どもであろうとアメリカの子どもであろうと変わらないはずです。
けれども、読み聞かせをされているときの日米の子どもの反応は、あまりにも違うことに驚かされました。

アメリカの子どもは、とにかくよくしゃべります。
たとえば、前述のように、子どもにとってわかりにくいことがあれば「どうしてそうなるの?」と読み手である親に質問します。

「どうしてカボチャが大きくなると小鳥が大きくなるの?」
「どうして凧が空を飛んだら、クマくんが空を飛んだことになるの?」

子どもが質問すれば、それに応答する親の発話数も当然、多くなります。アメリカの親子の読み聞かせは、とにかく親子間のやりとりを盛んにするのです。

一方、日本の親子の読み聞かせは、これまで私が調べてきたとおりでした。

理解が難しいであろう『クマくんのやくそく』でも、とくに子どもからの質問が増えるということはありませんでしたし、朗読以外の親の発話も、やはり少ない。ママ、パパはお話を読んでいく。子どもは静かに聞く、という読み聞かせだったのです。

日米の読み聞かせには、このような明らかな違いがありました。うるさいくらいにしゃべりながら読み聞かせを受けるアメリカの子どもと、読み聞かせの最中は静かにお行儀よく耳を傾けている日本の子ども。

その違いが、私のなかで、日本の学校の静かな授業と、アメリカで出合った、常に自分なりの思考、発言を求められる教育とのギャップに重なりました。

絵本の読み聞かせ方の違いは、両国の教育のあり方の違いにつながっている、という視点が生まれたのです。

「思考力」と「伝える力」を養う問い。「どう思う？」「なぜそう思う？」

「はじめに」でもお伝えしましたが、「考える力」と「伝える力」が重要であることは日本の教育界も認識しています。

その一例が、大学入試における共通テストへの「記述式」の導入です。制度上の不安から現時点では棚上げされていますが、文部科学省が「知識偏重」の教育から「思考力重視」の教育にシフトしようとしていることは明らかです。

しかし、「考える力」「伝える力」というものは本来、受験勉強の一環として一朝一夕で身につけられるものではありません。ましてや先生から座学で教わることでもありません。小さなときから自分で考え、それを伝える経験を積むことでしか身につかないものです。

欧米では、その最初の教材として絵本を使うのです。

実際、アメリカ人の家庭や幼児教育の現場の読み聞かせの様子を聞いていると、次の2つの問いかけが頻出します。

「あなたはどう思う？（What do you think?）」

「なぜそう思う？（Why do you think so?）」

前者は自分の考えをことばとして出させるための問いかけであり、後者はその考えを論理的に整理し、より深掘りさせるための問いかけです。

この2つの問いはセットにして使うことでより効果を発揮します。

日本人は「なぜ？」と質問されることが苦手だとよく言われます。純粋に理由を聞かれているだけなのに、なんとなく非難されているような気持ちになる人が多いからでしょう。

しかし、欧米では小さなときから当然のように親から聞かれるのです。

もちろん子どもが2〜3歳のうちは「Why？」の問いは難しいですが、4〜5歳になると答えられるようになります。

こうした問いかけをされながら絵本を読むことが習慣になると、いずれ1人で本が読めるようになったとき、話の表層をなぞるだけではなく、「自分なりの感想」を持ちやすくなります。

つまり、「考えながら情報に接すること」が癖になる。これが「自分で考える力」の礎になります。


さらに、幼稚園なども含め、アメリカでは絵本の読み聞かせの最中、もしくは終わったあとに、先生が子どもたちにさまざまな問いかけをして自分なりの意見を言わせることが多いものです。

そこで子どもたちに議論をさせるわけではありませんが、子どもたちは自分の考えていることをことばにして表現する訓練をしつつ、人によっていろいろな意見があることを自然と学んでいきます。

これが「伝える力」の発達につながるのです。

ちなみに、アメリカの幼稚園や小学校では「ショー・アンド・テル（Show and Tell）」という、プレゼン力を鍛えるセッションを行います。子どもたちは家からクラスメイトに見せる何かを持参し、話をするというものです。

たとえば、普段は持参できないおもちゃを持ってきて、「これは僕のいちばん大事なおもちゃ」と話すと、先生は「どうしてそれがいちばん大事なの？」とか「なぜそれを選んだの？」と問いかけ、子どもの発話を拡張していきます。

アメリカ人の子どもも最初から、うまく話ができるわけではありません。「Show and Tell」を通じて、「人にお話しするときには、ポイントが必要なのよ」と導いていくのです。

人前で自分の意見を述べるスキルは、場数を踏むことにより、だんだんと慣れていくことでもあり、アメリカ人の子どもは小さいときから何度もそのような経験を積んでいるのです。

「欧米人は自己主張が得意」と言われるのも、こうした「自分の考えを人に伝える」訓練を、学校や家庭レベルで幼少期から実践しているからです。そして、自分の考えを人に伝える下地ができているからこそ、中等教育以降にディスカッション形式の授業にすんなり移行できるのでしょう。

翻って日本はどうでしょう。

あなたは小学生のときに書かされた読書感想文や、遠足の感想文は得意でしたか？

私は本当に苦手でした。

先生からは「事実の羅列を書かないように。それは感想ではない」と事前に言われるのですが、そうなるとますます何を書いていいのかわかりません。

それもそのはず、日常的に「思考力」「伝える力」を伸ばす訓練を行わない日本の初等教育では、自分なりの考えを発表する機会が、そもそも感想文を書くときくらいしかないからです。

基礎訓練をしていないのに感想文を書けというのもかなり理不尽な話だと思いませんか？　むしろ普段の授業では黙って話を聞く生徒がいい子だとみなされるわけですから……。

ましてや、乳幼児のときに親が一方的に物語を読み、自分は黙って聞く環境で育った子どもは、「伝える力」の訓練をしていないのはもちろんのこと、「自分で考える力」の訓練も十分にしていない可能性があります。

一方的な読み聞かせをしたほうがいいと主張する人たちは、「子どもの想像力や考える力を信じよう」といったことをその論拠にしがちです。しかし、大人にできることとは「信じること」しかないのでしょうか?

子どもの「考える力」「伝える力」を伸ばしたいなら、むしろしっかり確認しながら、その力を伸ばすようにうまく誘導すべきではないか、というのが私の見解です。

読書量と「読解力」は比例しない

「考える力」「伝える力」と同じくらい大切な能力のひとつに「読解力」があります。

2019年12月にOECD（経済協力開発機構）が公表した、国際学習到達度調査（PISA）で、日本の子どもの「読解力」が前回調査の8位から15位に大幅に順位を落とした、というニュースが大きな話題になったことは記憶に新しいと思います。

また、新井紀子先生の『AI vs 教科書が読めない子どもたち』（東洋経済新報社）も大ベストセラーになりました。

このように、いまの日本では子どもたちの「読解力」をいかに高めるかが急務です。

そのため、「読解力を高めるためには小さなころから本に親しんでいないといけない（だから読み聞かせを通じて本の世界を知ってもらうことが重要なんだ）」という主張をたまに耳にします。

ここでひとつ興味深いデータを紹介しましょう。

ベネッセ教育総合研究所が２００６年に発表したレポートで、**「読書量と読解力は比例しない」**ことを示したものです。

小学5年生と中学2年生を対象にした、「最近1カ月の読書量」と「読解力スコア」の関係を示すグラフを次ページに抜粋しましたのでご覧ください。

どうでしょう？　意外な結果だと思いませんか？

読書量がゼロと答えたグループの読解力は、たしかにいちばん低くなっています。しかし、いちばん多く読むグループ（月に15冊以上読むと答えた子どもたち）の読解力は、小学生、中学生ともに、トップではありません。

それどころか、中学生にいたっては「月に4～5冊」のグループをピークに、読書量が増えるほど読解力が下がっています。

つまり、「本好きになったからといって読解力が高まる保証はない」ということです。

「論語読みの論語知らず」では意味がありません。

● 読書量と「読解力」との関係 ●

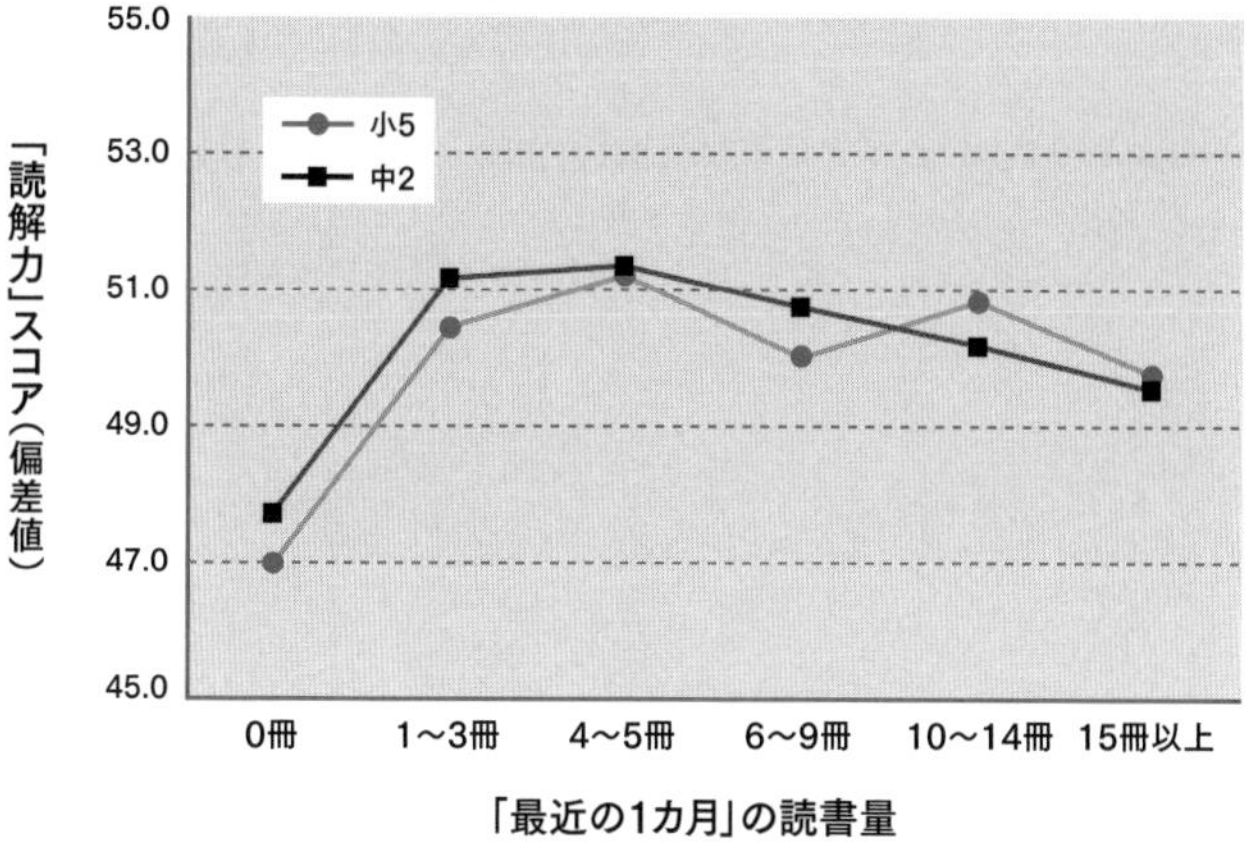

出典:学力向上のための基本調査2006(ベネッセ教育総合研究所)

「読解力」に必要なことは、文字情報を追いかけながら、並行していろいろなことを考える力です。

主人公はどんな心情なのか?

どんな因果でこのような話の展開になったのか?

物語が終わったあと主人公はどうなったのか?

文章では直接書かれていないことを読み解くためには、分析力や論理的思考力、想像力などを駆使しないといけません。

そして、このような「読解力」は絵

本の読み聞かせをするときに親が子どもに質問を投げかけることで、確実に伸ばすことができるのです。

「自分の子どもには将来、本好きになってほしい。だから絵本をたくさん読んであげる」という親の思いは、まったく間違っていません。素晴らしい心がけです。

しかし、読書習慣で本当に大事なのは「量」ではなく「質」。「どれだけ読むか」ではなく「どう本を読むか（＝本の読み方）」です。

そして「本の読み方」は、「絵本を読み聞かせながらやりとりする」ことで教えることができるのです。

逆に言えば、「共働きで忙しいから、大量の本を読んであげることができない」と悩んでいる方も、本書でお伝えする「ダイアロジック・リーディング」で、読み聞かせの「質」を上げることで、子どものさまざまな能力を伸ばすことができるのです。

子どもの思考とことばを伸ばす、〝新しい読み聞かせ〟とは？

ここまで、日本式とアメリカ式の読み聞かせを比較してきました。

一点誤解しないでいただきたいのは、日本式の読み聞かせは、アメリカ式の読み聞かせと比べて劣っているわけではない、ということです。

子どもが静かに読み聞かせに耳を傾けて、物語に没入すること。親子で親密な時間を共有することで、精神的なつながりを深めること。これも大切なことです。

ただ、子どもの「思考力（自分で考える力）」と「伝える力（自分の意見を言う力）」「読解力（文章の内容を深く理解する力）」を育むためには、まさにそれを目的として行われているアメリカ式の読み聞かせから学ぶべき点があります。

それが、読み聞かせをしながら、親子で活発にやりとりをすることです。

アメリカでは、1970年代から、絵本を読み聞かせる場面で、親子がどのようなやりとりをしているかの研究が進められています。

ただ読む、聞くというだけでなく、それ以外のことばをやりとりすることがさまざまな効果を持つことが検証されてきたのです。

その流れのなかで、ニューヨーク州立大学のグローバー・ホワイトハースト博士らの研究チームが開発し、提唱した読み聞かせの方法が、本書のテーマである**「ダイアロジック・リーディング**（**Dialogic Reading**）」です。

私はこのダイアロジック・リーディングに出合ってから、自らの研究でも使ってきました。帰国後は国内での普及活動もしてきました。

2016年に、日本テレビの『世界一受けたい授業』という番組に出演させていただいたことで認知度が少し高まりましたが、まだまだ日本では「ダイアロジック」ということばが市民権を得るまでは普及していません。

私がダイアロジック・リーディングに魅了された理由は、この手法が子どもの「言語能力」や「考える力」「伝える力」「読解力」などを効率的に伸ばせるだけではなく、本書の冒頭で上げた従来的な読み聞かせのメリット（5大理由）をさらに高めることができるからです。

すなわち……

❶ 対話の時間が増えることで、「親子のコミュニケーション」をより密に図ることができる。子どもの内的な成長もより細かく観察・実感できるようになる。

❷ 登場人物の心情や善悪に関する質問をすることで、より効果的に「情操教育」や「道徳教育」を図ることができる。

❸ 物語を分析する癖をつけることで、「読解力」「本を読み込む技術」「想像力」などが強化できる。

❹ 話を聞きながら考える習慣をつけることで、「人の話を深く聞く」ことができるようになる。

⑤ 子どもの発話を促すことで、語彙の習得だけではなく「考えをまとめる練習」や「話す練習」ができる。

このように、ダイアロジック・リーディングは、子どものさまざまな能力を伸ばすために、大きな効果を発揮します。

しかも、そのために必要なのは絵本だけ。高い教材も必要ありませんし、能力開発の教室に通う必要もありません。

やり方さえ覚えてしまえば、いつでもどこでも、今日からでも試すことができます。

事実、ホワイトハースト博士らの研究では、ダイアロジック・リーディングで読み聞かせをしてもらった子どもたちは、一般的な読み聞かせをしてもらった子どもよりも、言語発達テストで明らかに優位な結果が出ています。

この研究は、ニューヨーク、テネシー、メキシコなど多様な地域、そして、家庭、幼稚園、保育園などさまざまな環境、そして、貧困家庭から裕福な家庭まで、いろいろな家庭環境の子どもたちに協力してもらいましたが、すべての環境下で同じ結果が出ています。

次の章からは、ダイアロジック・リーディングとはどのようなメソッドなのか、そしてどのように実践すればいいのかを詳しく説明していきましょう。

第2章

子どもの能力がぐんぐん伸びる
ダイアロジック・リーディング

ダイアロジック・リーディングとは何か？

前述のとおり、アメリカでは、1970年代から、「絵本の読み聞かせ時における親子のやりとり」に関する研究が進められています。

親が読んで子どもが聞くだけでなく、そこで付随的に交わされる対話がどのような効果を持つのか、主に「言語習得」という観点から検証がされてきました。

その流れのなかで、ホワイトハースト博士らによって、家庭、保育所、幼稚園で「このように読めばいいですよ」と推奨されている読み方、それが「**ダイアロジック・リーディング**」です。

ダイアロジックとは、「対話（dialogue：ダイアローグ）の」という意味の形容詞です。

実際にやってみるとわかりますが、ダイアロジック・リーディングを真剣にやろうとすると、大人は「どんな問いかけをすべきか?」「どんな受け答えをすべきか?」といったことを瞬時に考えなくてはいけないので、かなり頭を使う必要があります。そういう意味では親の負担が少し増えますが、子どもにとってはメリットしかありません。

先ほども述べましたが、私は従来的な日本の読み聞かせを否定したいわけではありません。

映画鑑賞にたとえれば、ダイアロジック・リーディングは「作品を分析的に観る行為」のようなものです。ですから、「難しいことを考えずに純粋に映画を楽しむ行為」があってもいいのです。

しかし、ダイアロジック・リーディングによって底上げできる子どもの能力のことを考えると、やはり「まったくやらない」という選択肢はバランスに欠けると感じます。

ダイアロジック・リーディングが日本の家庭や乳幼児教育での新たな選択肢になってほしいと願っています。

これまで見てきたように、日本での読み聞かせは、家庭でも、幼稚園や保育園でも、読み手がお話を読んでいき、子どもはそれを黙って聞く、というやり方です。

読み聞かせの方法について書かれた本などを見ても、「情感を大切に」して「子どもの想像力」を育むために「あれこれ質問しないほうがいい」という考えが主流になっていることがわかります。

たしかに、これもひとつの読み方ではあります。物語の世界に深く感情移入すること、想像力を働かせること、また、静かに人の話を聞くこと、といったことが重要な教育効果を持っていることは間違いありません。

これに対してダイアロジック・リーディングでは、大人が子どもとやりとりをするなかで、子ども自身が本の読み方を学んでいくことができます。

子どもが自分で本を深く読めるようになるためには、読み方のお手本が必要となります。

その意味で、子どもがどのように本を読み、内容をどう解釈すればいいのかを学べる読み聞かせ方法が、ダイアロジック・リーディングだと言えるでしょう。

ここからは、ダイアロジック・リーディングとはどのような手法なのかを、詳しく説明していきたいと思います。

ダイアロジック・リーディングの基本は4種類のやりとり

ホワイトハースト博士らダイアロジック・リーディングの研究チームは、この読み聞かせ法を論文にまとめ発表しています。

以下は、その内容をまとめたものです。

ダイアロジック・リーディングにおける「対話」の基本的な流れは、「PEER」と呼ばれる以下のシーケンス（順序）に沿って行われます。

【P：促進　Prompt】本について何か発言するように「促進する」

質問をする、発話を促す

例 ――「どんな動物がいるかな？」

【E：評価　Evaluate】子どもの発言に対して「評価する」

相槌をうつ、褒めるなど（否定はＮＧ）

例──「よくわかったね。そう、ウサギさんがいるね！」

【E：拡張　Expand】子どもの発言を「拡張する」

リフレーズをする、情報を足す、質問を重ねる、話題を広げるなど

例──「そう。英語だとラビット（リフレーズ）」

例──「耳の長いウサギさんだね（情報を足す）」

例──「ウサギさんだけかな？（質問を重ねる）」

例──「ウサギさんこの前、見たね（話題を広げる）」

【R：反復　Repeat】子どもの理解を促進させるために「反復する」

大事な単語を繰り返す、話を要約するなど

例──「そうだね。ウサギさんとカメさんがいるね！」

ダイアロジック・リーディングでは1回の対話で、この「PEERシーケンス」が一巡することを意識します。

なお、ホワイトハースト博士は、初見の本は一度通しで読み、2回目以降は「PEERシーケンス」の対話を1ページに1回行うことを奨励しています。

こう聞くと、大変なことに思えますが、これはあくまでもガイドラインにすぎませんので、厳密にこのとおりにやりとりしなければいけない、というものではありません。

たとえば、子どもが自発的に発したことばを起点に、E（評価）、E（拡張）、R（反復）と展開しても問題ありません。

もしくは、評価（Evaluate）のあとに反復（Repeat）をしてから、話を拡張（Expand）してもかまいません（例：「そうだね。タヌキさんだね。○○ちゃんはタヌキさんを見たことある？」など）。

また、子どもが物語に没頭しているときなど、子どもの返答に相槌をうってすぐに物語に戻りたい場合はそれでもかまいません。

さらに、1ページに1回というペースを無理に守る必要もありません。

とくに、子どもが一方的な読み聞かせに慣れてしまっている場合、ある日突然、質問攻めのような雰囲気になってしまったら戸惑いを見せるかもしれません。その場合は、子どもが読み慣れた本を使って、2、3見開きに1回くらい「PEERシーケンス」を「試してみる」くらいではじめられれば十分です。

逆に、対話が盛り上がったら、どんどん脱線していけばいいのです。

回数をこなしていけば、いずれ子どもは「絵本を読むときはママやパパといろいろお話ができる!」という感覚を持つようになります。

そういう意味では、ダイアロジック・リーディングは、子どもがはじめて絵本に触れるときから実践することが理想です。

「PEERシーケンス」がやりやすくなる7つの問いかけ

ダイアロジック・リーディングの基本的な構造を解説しましたが、「PEERシーケンスは、ちょっとわかりづらい」「どのような問いかけをすればいいかわからない」と感じた方もいらっしゃると思います。

そこで、より実践しやすいよう、PEERシーケンスの内容を7つに分解した具体的な問いかけを紹介します。

この7つの問いかけには、2番目の「E（評価）：相槌をうつ・褒める」以外の要素がすべて含まれています。それでは、ひとつずつ解説していきましょう。

① 「何質問」のやりとり

「何」「どこ」「いつ」「なぜ」「どのように」といった質問（これらをまとめて「何質問」

と呼びましょう）を使ったやりとりです。

「これは何色？」「このたまごは誰のかな？」「どうすれば扉が開くかな？」「何をしている？」など、**このような、5W1Hを問う「何質問」を、絵本の絵や話の展開に着目して使ってみましょう。**

たとえば、絵本のなかのあるものを指して、「これは何？」と質問してみるのです。**この種の質問は、子どもに新しい語彙を学ばせるうえで有効です。**

「これは何？」「ブタさん」「ブタさんたちは何してる？」というように、「何質問」をつなげていくこともできます。

「何質問」は、内容しだいで難易度が大きく変わります。ですから、子どもの年齢や知識、理解度に応じて使い分けるよう意識しましょう。

② 「何質問」に対する子どもの答えの拡張

「何質問」で子どもが答えたものについて、より具体的に質問をします。

たとえば、「これは何？」と聞いて、子どもが「わんわん」と答えたとしたら、さらに「わんわんの色は何色？」と聞いてみます。

③ 子どもの答えの反復

ただ子どもの答えをリピートするだけでも、子どもの発話を促す効果があります。「これは何？」「にゃんにゃん」「そう、にゃんにゃんね」というように、読み手が認めてあげることで、子どもは自分の答えが受け入れられたことがわかるからです。

④ 決まった答えのないやりとり

このやりとりでは、絵本の絵に着目した問いかけを行います。

とくに、イラストが豊かで、細かく描き込まれた絵本を使うのが最適です。すでに何度も読んで、子どもが慣れ親しんでいる絵本を選ぶのがいいでしょう。**絵を指して、「この絵について話してみて」というように、自由に答えられる質問をしてみます。**

ダイアロジック・リーディングでは、子どもに状況説明をしてもらったり、考えを聞いたりするときに使う質問として分類されることが多いですが、厳密に言えばどんな質問でも聞き方しだいで「答えのない質問」になります。

たとえば、「きびだんごをつくったのはおじいさんとおばあさんだっけ？」と聞いてしまうと、おそらく「うん」のひと言で終わるはずです。それでは子どもの「物語の展開を思い出す」行為を親が半分手伝っているようなものです。

そこを「どうしてきびだんごをつくったと思う?」と聞き方を少し変えるだけで、子どもが自ら考えざるをえない状況をつくることができます。

「この絵のなかで何が起きているか説明してみて」
「○○ちゃんだったら、こんなときどうする?」
「この子、いまどんな気持ちかな?」

こうした質問は、自由に話させることで子どもの表現力を豊かにし、細部に注意を払う力を育みます。

大人にとっては、たいした負荷に感じないかもしれませんが、子どもにとっては十分な負荷であり、この積み重ねが子どもの「考える力」を育てていくのです。

子どもにできるだけ考える機会と発言の機会を増やすという意味では、子どもの成長に合わせて「答えのない質問」を使う機会を増やしていく意識が重要です。

5 文章を完成させるやりとり

フレーズの最後の部分を、子どもに発話させるやりとりです。リピティション（繰り返し表現）の多い絵本で行うといいでしょう。

たとえば、「つやのある猫になりたいと思う。ちょっとぽちゃっとしているけれど」という文章であれば、「つやのある猫になりたいと思う。ちょっと」までを読んで、最後の「ぽちゃっとしているけれど」の部分を子どもに補ってもらうのです。

文章を完成させるこのような促しは、言語や文章の構造を理解することにつながり、後に子どもが1人で読むことを学ぶ手助けにもなります。

また、繰り返し出てくる同じ文章や、定番のセリフ、歌詞などの一部を子どもに言ってもらってもいいでしょう。

一種のゲーム性があるので純粋に子どもが喜びますし、一緒に本を読んでいる雰囲気も醸成できます。

子どもが好んで何度も読んでいる本を使うといいでしょう。

⑥ ストーリーを思い出させるやりとり

これは、はじめての絵本を読み終わったとき、もしくはすでに読んだことのある絵本を改めて読む前に内容についてたずねるやりとりです。

たとえば、「このお話の青い鳥がどうなったか教えてくれる？」「鬼ヶ島についたあと桃太郎たちはどうしたんだっけ？」といった問いかけをしてみましょう。

このようにストーリーを思い出させる問いかけは、出来事の順番を表現するスキルを養い、話の筋の深い理解にもつながります。

ひらがな学習用絵本のようなストーリー性のない作品を除いて、すべての絵本で使えます。

難易度が少し高いので、主に4～5歳以上の子どもが対象です。

⑦ 子どもの生活と関連した質問

絵本のなかに出てくることばや絵、話の展開を、子どもの生活と関連づけて質問してみましょう。

たとえば、お話に動物園が出てきたときには、「先週動物園に行ったことを覚えてる？」「動物園でどんな動物を見た？」など。

遊園地が出てきたら「あ、遊園地だね。○○ちゃんは遊園地に行くとどんな気分になる？」など。ほかにも、

「この子、迷子になったのかな？　○○ちゃんは迷子になったらどうする？」

「赤いドレス着ているね。○○ちゃんはどんな色のドレスを持ってる？」

「ラクダさんだ。この前、動物園に行ったのを覚えてる？」

「この子、いたずらっ子だね。保育園にいたずらっ子はいる？」

このように、子どもの生活と関連した質問は、絵本と現実の世界をつなげるうえで役立ち、ことばの発達や本を深く読めるスキルはもちろん、会話能力や話術を高める働きをします。

さらに、この問いかけには、重要な能力を育む効果があります。

私たち大人でも、ある本や映画を楽しんだあとに「ああ、面白かった」と表面的な

感想を持つだけで終わる人がいる一方で、「いろいろ考えさせられることがあったな」と、作品から何かを学びとったり、気づきを得たりして実生活にフィードバックできる人がいます。

その差はどこから生まれるかというと、その人の持つ「俯瞰力」と「応用力」です。作品で描かれる世界に没入するだけではなく、対象から距離を置くことで、物事を並列的に捉える。それは思考の癖であり、子どものときから訓練することで身につけさせることができるのです。

従来的な読み聞かせではむしろ無駄な情報は省き、作品の世界観に没入させることで子どもの想像力を養う、といったことが重視されています。

もちろんその効果は否定しません。しかし、**そのような場合でもせめて物語を楽しんだあとに物語と現実を結びつける質問をしてみることをおすすめします。**

以上、7つの問いかけを紹介しました。

最後の2つ「⑥ストーリーを思い出させるやりとり」と「⑦子どもの生活と関連した質問」は、ほかの5つのやりとりよりも高度です。4～5歳以上の子どもが対象だと考えてください。

それ以外は、あらゆる年齢の子どもが対象です。

また、ダイアロジック・リーディングには、とくにイラストが充実した絵本や、そのときに子どもが強い興味を示している絵本が最適と言えます。

このため、絵本を読むときには、実際に子どもが興味を示しているかどうか、気をつけて観察することが重要です。

なお、ダイアロジック・リーディングのメソッドは絵本以外、たとえば子どもと一緒にディズニー映画やYouTubeを観るときにも使えます。そこでする問いかけは絵本とまったく同じです。

情報を受動的に受け止めるのではなく、自分なりに咀嚼しながら観る習慣をつけてあげましょう。

ダイアロジック・リーディングの大原則

先述のとおり、「PEERシーケンス」はひとつの目安にすぎません。それを遵守することより重要なのは、以下の4つの大原則を守ることです。

❶ 読み聞かせ時における発言の主導権を少しずつ子どもに譲ること
❷ 発言したくなる雰囲気をつくるために、子どものことばをしっかり受け止めること
❸ プラスアルファの情報をさりげなく足していくこと
❹ 子どもが楽しむことを大前提に、「お勉強」の雰囲気を完全に消すこと

ダイアロジック・リーディングの特色は、子どもが語り部となり、大人が聞き手にまわることです。

大人の役割は、子どもが本の読み方を学ぶ手助けとなるように、子どもとやりとりをすることにあります。

そして、読んでいる本について子どもが語れるように促すのです。

もちろん、いきなりはできないでしょうし、ことばを覚えることで精いっぱいの2〜3歳の子どもには難しいでしょう。4〜5歳の子どもでも要所要所で大人がさりげなく助け舟を出してあげることも必要になりますし、対話の流れもうまく大人がコントロールしないといけません。

しかし、普段の読み聞かせのときから対話の数を増やすことで物語の理解度を深め、表現力を高め、人に伝える訓練を重ねていけば、いずれは「このページでは何が起きているのかしら?」という問いかけに対して、子どもなりに頭を使って話せるようになるでしょう。

もしかしたら「子どもが語り部になれるわけがない」と思われるかもしれません。

しかし、それはたんに「語り部になる訓練」を積ませていないだけなのではないでしょうか。

「本を読む能力」と「本の内容について語る能力」は別物であるという意識を持つことが重要です。

そのために、子どもの反応に応えて、子どものことばを言い換えたり、そこに情報を加えることで、子どもの語りを膨らませていきます。

また、こうした大人とのやりとりによって、子どもが学んでいるかどうかを確認することも大切です。

具体的に、読み聞かせの場面でのやりとりの例を紹介しましょう。

絵本を読み聞かせるときには、以下のようなやりとりをします。

読み手：（たとえば、消防車を指して）「これは何？」
子ども：「トラック」

読み手：「そうだね」①
「これは、赤い消防車だね」②
「消防車って言える？」③

①の「そうだね」という相槌は、子どもの発話への反応です。
②は、「これは、赤い消防車だね」と、情報を加えて子どもの発話内容の拡張をしています。
③では、子どもに「消防車」と言わせてみることによって、大人による会話の拡張を子どもが学んだかの確認を行っています。

これまで、「大人が読み手、子どもは聞き手」という一般的な読み聞かせをしてきたとすれば、読み聞かせの場面でこういったやりとりをするのは難しく感じられるかもしれません。実際、はじめて読む絵本では、このようなやりとりは難しいこともありえます。

しかし、子どもは同じ絵本を繰り返し読むことを楽しむものです。

1回目で難しければ、2回目以降の読み聞かせのときに、先ほどのようなやりとりを取り入れればいいのです。

そして、繰り返しの回数が増すごとに、子どもの発話を促すようにしていくのがおすすめです。

第3章

今日からできる！
ダイアロジック・リーディング
実例集

ダイアロジック・リーディングを試してみよう

第2章でお伝えしたとおり、ダイアロジック・リーディングでは、読み聞かせの最中に、「PEERシーケンス」をもとにした、以下の7つのやりとりを行います。もう一度整理しておきましょう

❶「何質問」のやりとり（「何・どこ・いつ・なぜ・どのように？」という質問）
❷「何質問」に対する子どもの答えの拡張
❸子どもの答えの反復
❹決まった答えのないやりとり
❺文章を完成させるやりとり

❻ ストーリーを思い出させるやりとり
❼ 子どもの生活と関連した質問

これらは、「PEERシーケンス」の最初の「P（促進）」、3番目の「E（拡張）」そして、最後の「R（反復）」にあたるものです。

そして、これら7つの問いかけを行う際は、相槌をうつ、褒める、励ますなど、子どもの発言に対する「評価（PEERシーケンス2番目のE）」をすることが大切です。

これを踏まえて、本章では、実際の絵本を使って、各作品でどんな問いかけやコメントができるのかを紹介します。

なお、以下の実例は、ダイアロジック・リーディングのコツをできるだけはやくつかんでいただくための参考という位置づけであり、読み聞かせをするときにここで紹介するすべての問いかけを行う必要がある、というわけではありません。

はらぺこあおむし

エリック・カール作　もりひさし訳
借成社

ダイアロジック・リーディングには、絵を見て答えを導き出させる問いや、子どもに考えさせる質問など、さまざまな種類のやりとりがありますが、『はらぺこあおむし』は、そのような幅広い種類の質問をたくさんすることができる絵本です。

たとえば冒頭のたまごが描かれているページで、「**たまごはどこ?**」、お月さまのページで「**これは何?**」などと問いかければ、子どもの語彙力を計ることができます。

質問だけでなくコメントすることも大切です。

たとえば、フルーツがたくさん出てくるページには西洋なしが描かれています。

そこで、「**このなしって日本のなしとちょっと違うね?**」とか、すももを指しながら「**すももって食べたことないね**」といったコメントをすることで、のちに1人で本を読むときにも自分で考えながら読み進めたり、ただ文字を追うだけでなくそこで描かれている事柄とかかわる姿勢が育まれます。

では、具体的なやりとりの例を挙げましょう。

何質問・答えの拡張・反復

たとえば、最初のシーンで、葉っぱの上のたまごを指して、次のやりとりをしてみましょう。

大人　：「これは何？」
子ども：「たまご」
大人　：「そうだね。たまご」　子どもの答えの反復
　　　　「白いたまごだね」　ことばの拡張
大人　：「これは何？」
子ども：「お月さま」
大人　：「そうだね。まるいお月さまだね」　ことばの拡張

このように、子どもの答えを反復、拡張すれば、語彙力や表現力を育むことができ

ます。

子どもの生活と関連した質問

食べすぎでおなかが痛くなったあおむしのシーンでは、「○○ちゃんと同じだね」というようなコメントをすると、絵本の世界が、じつは現実の世界と結びついているということも学べます。文章を自分と関連づけて考えることができるわけです。

最初にあおむしが登場する場面では、あおむしを見たことがない子どももいるでしょうから、次のようなやりとりをしてみましょう。

大人　：「これは何？」
子ども：「あおむし？」
大人　：「○○ちゃんはあおむしって見たことある？」
子ども：「見たことない」
大人　：「どこにいるかな？　こんなふうに葉っぱの上にいるね」

文章を完成させるやりとり

「おなかはぺっこぺこ」という文章が続くシーンでは、3回目以後、以下のように子どもに文章を完成させてもらいましょう。

大人　：「やっぱり、おなかは……？」
子ども：「ぺっこぺこ」
大人　：「それでも、おなかは……？」
子ども：「ぺっこぺこ」

「おなかは」ということばがヒントとなり、子どもが「ぺっこぺこ」と発したら物語の展開を予測できているということです。難しいときには、「ぺ」とヒントを出して、「ぺっこぺこ」と発したら、「そのとおり」とフィードバックを忘れずに。

決まった答えのないやりとり

大きくなったあおむしが、さなぎになり眠りにつく場面では、「さあ、何が出てくると思う？」とたずねて、子どもに考えてもらいましょう。

私の研究に協力してくれたアメリカ人の子どもは、ちょっと考えてから「赤ちゃん」と答え、その発想に感心しました。

答えが合っているかどうかがポイントではなく、自分でも考える習慣をつけることが目的です。子どもは何度も同じ絵本を読むことを好むので、2回目に読んだときに「ちょうちょ」という答えが出るでしょう。

すべての絵本に言えることですが、子どもが発話したときには必ずフィードバックしてあげてください。

そうすることで読み手と子どもとの間にやりとりが生まれ、ことばが育まれるのです。

「じのないえほん」

ディック・ブルーナ文・絵　石井桃子訳
福音館書店

文字がいっさい書かれていない絵本は、解釈の自由度が高いため、子どもの「考える力」や「伝える力」を引き出しやすく、ダイアロジック・リーディング向けの題材と言えます。

代表例として紹介したいのが、ご存じ、ミッフィーの生みの親としても有名なディック・ブルーナの作品といえば赤ちゃんが釘づけになる絵で知られています。理由は2つあり、ひとつはあらゆる絵柄が、赤ちゃんでも認識しやすい太い輪郭で描かれていること。もうひとつは、登場人物の顔がいつも読者側を向いていることです。

こうした特徴から本作品を2歳くらいで卒業してしまう家庭も多いですが、この作品ほど子どもなりにお話を創作しやすい絵本はありません。

なぜなら、情報が極限まで削ぎ落とされているため(大人がいっさい登場しない、人形なのか迷子の子なのかわからない、夕飯のおかずが描かれていないなど)、その穴を埋める空想がしやすいからです。

子どもの語彙力が高まってきたら、「今日は○○ちゃんが読んで!」とお願いしてみてもいいでしょう。

文字のない絵本で積極的に使いたいのは、「決まった答えのないやりとり」。たとえば、次の問いです。

「あなたがこの主人公だったらどうする？」

これはアメリカの家庭で、子どもに考える練習をさせる目的でよく使われる問いかけです。文字がないぶん、急いで次のページに進む必要もないため、話をどんどん広げながら子どもに考える機会を増やしてあげてください。

では、『じのないえほん』は、どのように読んでいけばいいのでしょうか。

私が行った、文字のないストーリー絵本の研究では、読み方に2つのパターンがありました。「子どもに質問しながら読む親」と、「即興でお話をつくる親」です。

どちらかやりやすい方法で試してみてください。

絵を見ながら子どもに物語をつくってもらうのもいいアイデアです。

「寝ていた子がコケコッコで起きて、お顔を洗って歯を磨いてる」というように、子どもに自由に創作させてください。
具体例を挙げましょう。

何質問・答えの拡張

ニワトリが出てくる場面で、以下のやりとりをしてみましょう。

大人　：「これは何？」
子ども：「ニワトリ」
大人　：「そうだね。ニワトリってなんて鳴くか知ってる？」
子ども：「コケコッコ」
大人　：「そのとおり。コケコッコって鳴くね。いつ鳴くか知ってる？」
子ども：「知らない」
大人　：「朝に鳴くんだよ」

決まった答えのないやりとり

最初のページの赤ちゃんが寝ている絵では、「**赤ちゃん寝ているね**」、あるいは「**〇〇ちゃんもこんなふうに寝ているよ**」と話しかけてみます。

そして、ことばを引き出すために、「**赤ちゃんは何をしてるのかな？**」という質問をしてみましょう。

また、主人公が泣いている子どもを見つける場面では、子どもの考えをたずねてみましょう。

大人　：「あら、泣いているね。〇〇ちゃんならどうする？」
子ども：「どうしたのって聞いてみる」
大人　：「小さな子はなんて言うかな？」

あるいは、「どうして、黄色い帽子の子は泣いてるのかな？」といった質問でもいいでしょう。
同じ場面では、次のようなお話を予測する質問もできます。

大人 :「男の子、どうすると思う?」
子ども:「つれてく」
〈ページをめくって〉
大人 :「ほんとだね。おうちへ連れていくんだね」

子どもの生活と関連した質問

この絵本は主人公の男の子の1日を表したものですが、自分の子どもの1日と比べていくのもいいでしょう。たとえば、「○○ちゃんは、起きたらまず何する?」とか、「この子はパンを食べてるけれど、○○ちゃんの朝ごはんは何?」と質問すれば、子どもは喜んで答えてくれるはずです。

鼻呼吸の大切さを教えられるユニークな医学系絵本

あいうべえほん

きむらたまえ作　つだひでき絵　今井一彰監修
H・U・N企画

気づくと口が開いている、という人もいらっしゃると思います。無意識に口が開いてしまうのは普段から口呼吸をしている証。口呼吸はウイルスなどが侵入しやすくなり、いろいろな病気の原因とも言われています。

そうした口呼吸を、人間にとって本来正しい形である「鼻呼吸」に変え、かぜや虫歯の予防、いびきの解消、疲労改善、アレルギー性疾患の改善などにつなげることを目的として開発されたのが、みらいクリニックの今井一彰院長が考案した「あいうべ体操」。

『あいうべえほん』は、その「あいうべ体操」を子どもたちにわかりやすく伝えるためにつくられた異色の「医学系絵本」です。

この作品の主人公は、春先になるとくしゃみや鼻水に悩まされる「たまねこちゃん」。ある年、いよいよ体調が悪くなり外で遊べなくなってしまったことで、イヌの先生を紹介されます。その先生から教わるのが「あいうべ体操」。それを毎日続けたところ、薬を飲んだり注射を打ったりすることなく元気になったので、街のみんなに教えてあげる、というお話です。

本作品は絵を中心に読み進めることも可能ですが、「なぜ？」「どうして？」という問いかけ、つまり「決まった答えのないやりとり」がたくさんできるのが特徴です。

こうした問いかけは、「理由を説明する能力」を養うことにつながり、論理的思考の基礎を養うものです。


子どもたちに鼻呼吸の重要性を意識づけられることはもちろん、日々の習慣と自分の健康、そしてお医者さんとの関係について考えるきっかけを与えられる、おすすめの1冊です。

では、具体例を挙げていきましょう。

決まった答えのないやりとり

最初のシーンでは、元気なたまねこが登場します。

ここでは、「○○ちゃんは、何して遊ぶのが好きかな？」と子どもの発話を促しましょう。子ども1人ひとりに、お気に入りの遊びがあるはず。喜んで話してくれるでしょうから、まずはそこからやりとりをはじめるといいでしょう。

この絵本のポイントでもある、イヌの先生が、舌がどこにあるかを聞くシーンでは、子どもと一緒に舌の位置を確認してみましょう。

「〇〇ちゃんの舌は上にある？　下にある？」と鏡を見せれば、興味を惹くことができると思います。「上にあるほうがいいんだよ」というイヌの先生のことばには、「どうしてだろうね？」と考える姿勢を見せましょう。

読みながら考えることは、小学生になって自分ひとりで本を読む際にも、重要なリーディングのスキルとなります。ただ文字を追うだけでは理解したことにはならないからです。

この場合の、なぜ舌が上にあるほうがいいのか、というのは、大人にとっても難しい質問です。答えがわからなくても問題ありません。「舌が上にあるか、下にあるかなんて考えたことないね」とコメントしてもいいでしょう。

イヌの先生は病気に強い体をつくるために、「あ・い・う・べー」というおまじないを教えてくれます。ここでは、絵本のイヌの先生のように、親も恥ずかしがらず「あ・い・う・べー」とデモンストレーションし、子どもにもやってもらいましょう。

そして、先生が、舌が上か下かを聞いた理由がわかるページでは、改めて「どうして舌を上にするといいの？」と難しい質問もしてみてください。鏡を使い、舌を下にしたときと上にしたときとで、何が違うかを見てもらうのもヒントになると思います。

そして、「**先生はどうしてお口を閉じてっていうのかな？**」という問いの答えを、子どもと一緒に考えてみましょう。

「あ・い・う・べー、ベロはうえ、おくちをとじて、はなスースー」という箇所では、子どもと一緒に鼻呼吸をしてみましょう。

そして、「あ・い・う・べー」を何度も練習したたまねこちゃんが「**かぜもひかず、春がきても鼻水が出ないのはなぜ？**」とたずねてみてください。

こうした問いかけは、「理由を説明する」という、話したり文章を書いたりするうえで欠かせない能力を養うことにつながります。

子どもの生活と関連した質問

病気のシーンでは、「〇〇ちゃんも、かぜひいたとき、しんどかったね」とか「おなかをこわしたとき、痛かったね」のように、日々の体験に基づくコメントをすると、子どもも絵本の世界が自分たちの生活とつながっていることを理解します。

たまねこちゃんが痛くて泣いているシーンでは、「どうしたらいいかな?」と子どもに考えさせ、「毎日泣いている」たまねこちゃんの気持ちはどんなものか質問してみましょう。

あるいは、「たまねこちゃんに、どんなことばをかけてあげる?」と聞いてもいいでしょう。人の気持ちになって考える練習になると思います。

お友だちのウサギのみみちゃんは、お医者さんを紹介してくれました。病院に行くのは子どもにとっては怖いことですが、「〇〇ちゃんも病気したらどうする?」「病院行ったことあるよね?」などと話を振ってみましょう。

この絵本は「あ・い・う・べー」という鼻呼吸の仕方を学ぶことで、かぜをひきにくく、花粉症にもなりにくい元気な体になることも目的としています。その意味でも、とても役に立つ作品だと言えるでしょう。

わたしとあそんで

マリー・ホール・エッツ文・絵　与田準一訳
福音館書店

マリー・ホール・エッツの代表作には、1944年に発表されたモノクロの絵本『もりのなか』（福音館書店）もありますが、私のおすすめは、この『わたしとあそんで』です。

アメリカのウィスコンシン州の自然豊かな田舎町で育った彼女が幼少期に森のなかで動物たちと遊んだ思い出をもとに描かれた作品です。

その絵は全体的に温かみのあるクリーム色で描かれており、使う色を制限することで主人公と動物・昆虫が際立つようになっています。

原っぱに1人で遊びに行った女の子は、遊び相手を求めてバッタ、カエル、カメ、リス、カケス、ウサギ、ヘビに次々と声をかけますが、逃げられてしまいます。

仕方がないので池のそばの石にじっと腰掛けていると、先ほど逃げた動物や昆虫が少しずつ戻ってきて女の子を取り囲み、さらに子鹿がやってきて女の子のほっぺをなめてくれるというお話です。

そして最後は「ああ　わたしは　いま、とっても　うれしいの。とびきり　うれしいの。なぜって　みんなが　みんなが　わたしと　あそんでくれるんですもの」という印象的なことばで終わります。
刻々と変化する主人公の気持ちを、ぜひ子どもに想像させてあげてください。
では、具体例を挙げましょう。

何質問・答えの拡張

主人公の女の子が登場するシーンで、次のように質問し、その答えを拡張すると、子どもの表現力が培われます。

大人　：「これだあれ?」
子ども：「おんなのこ」
大人　：「そうね。白いリボンをつけて白い服を着た女の子だね」

また、この絵本には、たくさんの動物が出てきますから、「これなあに?」と質問するだけで、子どもが読み聞かせに参加できるわけです。そして、「そうね。リスさんね」というふうに子どもの回答を肯定・評価していくことで、自信を与えることにもなりますし、**絵本を読むことが楽しいとも思ってもらえるでしょう。**

私も、この絵本で「カケス」という鳥の名前を知りましたが、なじみのない動物の名前はその絵を指して「カケスっていう鳥だね」というふうに理解を促すといいと思います。

この絵本をアメリカ人の母子に読んでもらっていたときに、面白いことが起こりました。

動物たちが主人公の女の子のところに戻ってくるページで、3歳の子どもが「バンビ」と叫んだのです。いままでバンビは登場していなかったので、母親は「え、バンビ？　いままで出てこなかったのに」としばらく読むのを止めて絵をしっかり見直したところ、草陰に子鹿が描かれているではありませんか！

そこで「あ、ほんと。バンビもいるね」とコメントしたのですが、子どもたちは、読んでもらっている間にも絵をしっかり観察しているのだと思ったしだいです。

文章を完成させるやりとり

主人公の女の子は、森のなかで、バッタ、カエル、カメなどの動物たちと遊ぼうとしますが、その際のフレーズはみな同じ、「〇〇さん、あそびましょ」です。

最初はそのまま読んで、このパターンを子どもが理解したと思ったら、たとえば「リスさん」で止めて、「あそびましょ」を子どもから引き出してください。

このように予測を立てながら読むことは、「読解力」の成長につながります。

決まった答えのないやりとり

遊びたかった動物たちが、みんな逃げていってしまったシーンでは、「だあれも遊んでくれないね。どうしてかな？」とか、「みんな逃げていっちゃったね。どうしてかな？」というように、子ども自身に考えさせる問いかけをしましょう。

子どもの生活と関連した質問

同じシーンで、「〇〇ちゃんもこの前ニャンニャンと遊ぼうとしたとき、ニャンニャンは遊んでくれた？」というように、子どもの体験と結びつける質問も適しています。

また、主人公だけではなく、動物や昆虫の気持ちを想像させてあげることもポイントです。

子どもが勇気を出して見知らぬ子に「あーそーぼー」と声をかけたのにもかかわらず、よそよそしくされた経験はきっとあるはずです。

でも、子どもがよそよそしい態度をとるときは、別に声をかけてくれた子が嫌いなわけではなく、恥ずかしさや警戒心が原因。だから必要以上に気落ちしたり、後追いしたりしなくてもいいし、時間に任せればいいんだよ、といったことを、子どもに教えることができます(それを象徴するのが、すべてのページで描かれているにこやかな太陽です)。

こうしたやりとりを通じて、絵本の世界と現実の世界は、かけ離れたものではないと理解するようになるのです。

物語の終盤では、逃げていった動物たちや子鹿までが女の子のところにきて遊んでくれるようになります。そこで、「**どうしてみんな戻ってきたのかな?**」と最後の質問をして、その理由を子どもに考えてもらってください。

読み聞かせの定番。探偵気分で子どももワクワク

「ぐりとぐらのおきゃくさま」

中川李枝子作　山脇百合子絵
福音館書店

「ぐりとぐら」シリーズは、日本のみならず、世界中に多くのファンを持つベストセラーです。

ほどよく情報量を絞った絵と、ワクワクする話の展開で、子どもの興味を引くように描かれています。ちなみに「ぐり」と「ぐら」という名前は、フランスの絵本に登場するネズミが「グリッグルグラッ」と歌っていたことに由来しているそうです。

ここで紹介する『ぐりとぐらのおきゃくさま』は、外でたまたま見つけた大きな長靴の足跡をたどって、まるで探偵のように少しずつ手がかりを見つけながら、その長靴の主を見つけるまでのお話です。その正体はサンタクロースなのですが、あえて本文には「サンタクロース」という単語は出てきません。

この作品にかぎらず、「ぐりとぐら」シリーズは、子どもの想像力を掻き立てやすい物語が多いので、親子で一緒にいろいろな話をしながら読み進めるのに最適です。また、絵の場面展開もはっきりしているので、子どもにアドリブで読んでもらうのにも向いています。

作品自体の魅力に加えて、子どもにとって楽しいクリスマスの記憶とも結びつくこの絵本は、大人になっても大切な「思い出の1冊」になることでしょう。

では、具体的なやりとりの例を挙げていきましょう。

何質問

ぐりとぐらが穴を見つけて驚くページでは、「これなんだと思う?」とか「これ何かと似てない?」と聞いてみましょう。

子どもの生活と関連した質問

長靴の足跡だとわかってたどっていくシーンでは、「〇〇ちゃんだったらどうする?」など、内容を自分に引き寄せて考えさせる質問をしてみてください。

「僕も探しに行く」と言ったときには「ママ(パパ)にちゃんと教えてね。知らない人と行っちゃだめだよ」といった安全について考えてみるのもいいことです。

ようやく長靴にたどりついたところでは、ぐりとぐらの大きさを長靴と比較してみましょう。「ぐりとぐらの背と同じ高さの長靴を履く人って、どんな人だろうね?」という質問をして、子どもに考えさせます。

また、「前におうちへ帰ったときに大きな靴があって、『あ、誰かきたかな?』って話したの覚えてる?」と話を膨らませるのもいいでしょう。

そして、真っ赤なコートや帽子が出てくる場面で「誰かわかった?」と聞いてみると、子どものサンタクロースに対する理解度がわかるかもしれません。

真っ赤なコートを着た白いひげのおじいさんが出てきたら、「これ誰でしょう?」とか、「これ誰か知ってる?」「○○ちゃんのところにもこの人くるかな?」「○○ちゃんのところにも去年きたよね?」などと聞いてみるといいと思います。

本文にはサンタクロースという単語は出てこないので、こういった質問によって子どもの語彙力もわかるはずです。

決まった答えのないやりとり

カステラのにおいに気づくページでは、「誰が焼いてるのかな?」と、子どもの想像力や予測能力をたしかめる質問をしてみましょう。

そして、最後のパーティーのシーンにはたくさんの動物が出てくるので、それぞれの名前をたずねたり、「○○ちゃんはこんなにたくさん動物がおうちにきたら楽しいかな?」とか、今年のクリスマスについて親子で考えてみてはいかがでしょう。

多面的に読むと深みが増す、子どもの成長を描いた物語

いもうとのにゅういん

筒井頼子作　林明子絵
福音館書店

筒井頼子さんは、本作をはじめ、『はじめてのおつかい』『おでかけのまえに』（ともに福音館書店）など、情緒に訴えかける作品で知られる日本を代表する絵本作家です。そして筒井さんの作品でタッグを組むのは、子どもの表情を絶妙なタッチで描き上げることで定評のある林明子さん。林さんはご自身でも『こんとあき』（福音館書店）をはじめ、単著を多く手がけられる絵本作家です。

この作品の主人公はお姉ちゃんで、自分の大好きなお人形、「ほっぺこちゃん」で妹が遊ぶことを嫌がっています。

ある日、その妹が盲腸を患い手術をします。お姉ちゃんは入院のお見舞いに何を持っていこうかと考えます。手紙を書いたり、折り紙をつくったりするのですが、最後に妹がいちばん喜ぶであろうプレゼントを思いつく、というお話です。

友だちを連れて家に帰ってくる場面、妹を連れてお母さんがバタバタと病院に行く場面、雷のなかお父さんの帰りを待つ場面、お母さんと電話をする場面、お見舞いの品を用意する場面、プレゼントを渡す場面と、刻一刻と主人公の気持ちが変わりますので、子どもと一緒にそれを追体験していただければと思います。

ある程度読み慣れたら、今度は妹やお母さんの視点から読んでみましょう。多面的に

読み込むことで、物語の深みが増すはずです。

本書には「入院」や「手術」のように、幼児には難しいことばも出てきますが、子どもがわかるように説明を加えることで、子どもの語彙を増やすことができます。

なお、この作品は『ANNA'S SPECIAL PRESENT』という題で英訳され、アメリカで賞を受けています。描かれた姉妹の姿が、文化の違いを超えて訴えかけるテーマであることがうかがえます。では、やりとりの例を挙げましょう。

何質問・答えの拡張・反復

たとえば、幼稚園から帰宅したあさえちゃん（姉）のバッグを指しながら、次のように、子どものことばを拡張、反復してみましょう。

大人　：「これは何？」
子ども：「バッグ」
大人　：「そうだね。黄色いバッグだね」

あるいは、「そう。幼稚園のバッグだね」

決まった答えのないやりとり

お母さんが入院の準備をしているときの、あさえちゃんの表情を見て、

大人：「あさえちゃん、どう思ってるかな？」
子ども：「なんか、心配そう」
大人：「そうだね。だって、いつもと様子が違うからね」

というように、絵から主人公の内面を読み取るやりとりも可能でしょう。
お友だちが帰り、1人でお留守番をすることになったシーンでは、子どもの不安な気持ちがうまく表現されていますので、ここでも質問してみましょう。

子どもの生活と関連した質問

病気になった妹のあやちゃんを、お母さんが病院に連れていく場面では、

大人　：「お母さん行っちゃったね。〇〇ちゃんならどうする？」
子ども：「僕も一緒に行く」
大人　：「そうだね。1人でお留守番はまだできないね」

というようなやりとりをするといいでしょう。

「〇〇ちゃんならどうする？」という問いには、子どもに考える習慣をつけてもらう狙いがあります。これは1人で本を読むようになったときにも必要な読書スキルです。

手術が無事に終わり、お見舞いに行くことになったあさえちゃんは、何を持っていこうかと考えます。このシーンでも、次のように、物語の内容を自分自身の生活に置き換えて考えさせる質問をしてみましょう。

大人　：「〇〇ちゃんがお見舞いを持っていくとしたら、何にする？」
子ども：「お見舞いって何？」
大人　：「誰かが病気になって『だいじょうぶ？』ってたずねに行くときに持っていくもののことだよ。ママ（パパ）が病気になったら、〇〇ちゃんは何を持っていく？」

ストーリーを思い出させるやりとり

この絵本のクライマックスは、妹へのお見舞いを渡すシーン。きれいにラッピングされたプレゼントを受けとる妹が描かれています。この場面では、**「このプレゼント、なんだと思う？」**と、ページをめくる前にたずねてみましょう。

ストーリーを理解した子どもは、きっと答えることができるはずです。

「無欲の愛」とは何かを教える名著

おおきな木

シェル・シルヴァスタイン作・絵　村上春樹訳
あすなろ書房

アメリカ人の作家、イラストレーター、そしてソングライターでもある、シェル・シルヴァスタインが手がけた『おおきな木』は、中学校の英語の教科書にも採用されている作品です。日本では２０１０年に村上春樹さんが翻訳した新しいバージョンが出版されました。

世界で９００万部を超える大ベストセラーであるものの、じつはいまでも意見が真っ二つに分かれる作品でもあります。

成長する少年と献身的な木の関係を描いた物語なのですが、木と少年の関係をポジティブに捉える意見と、木と少年の関係が虐待的と捉えるネガティブな意見があるためです。実際、シルヴァスタインが最初にこの絵本の原稿を出版社に持ち込んだときには「悲しすぎるので子ども向きではない」と断られたそうです。

私自身はポジティブ派です。物語のなかの「木」という存在は、「お母さん」とも「お父さん」とも「先生」とも「友だち」とも置き換えて読むことができます。献身的な「木」の姿からは、無条件の愛や無欲の愛のような「与える喜び」的なメッセージを感じるのです。

本書の原題は『The Giving Tree』。中国では『愛心樹』、韓国では『惜しみなく与える木』という意味に訳されていました。『おおきな木』という日本語タイトルもなかなかうまい訳だと思います。

重いテーマを扱った難しい作品であることはたしかです。しかし、だからこそ子どもに深く考えさせることができる、すぐれた絵本だと思います。

なお、子どもが字に興味を持ちはじめた年齢であれば、少年が木に「ぼくと木」（旧訳では「だいすき」）と落書きするページでは、一緒に「ぼくと木」という文字を書いてみてはいかがでしょう。読む文字と書く文字が結びつき、子どもは書くことにより興味を持ってくれます。

親が何かを書く姿に興味を示し、自分も同じようにしようとするのは、幼児の発達過程で見られる「早期識字」という行為ですが、それを上手に利用するのです。

ダイアロジック・リーディングに話を戻すと、『おおきな木』は、子どもに考えさせる質問をするのに向いている本だと言えます。

ぜひ、次の例をきっかけに、子どもにさまざまなことを考えさせてみてください。

子どもの生活と関連したやりとり

最初に少年が木と遊ぶシーンでは、葉っぱで冠をつくります。そこで、「この前いっぱい木の葉っぱが落ちてたね。○○ちゃんは何をつくりたい？」とか「葉っぱで何ができるかな？」と実生活と結びつけ、子どもに考えてもらう質問をしてみましょう。

木登りをしたり、木と遊ぶシーンでも、「○○ちゃんも今度木登りしてみようか？」など、子どもの遊びや生活と結びつけた質問をしてみてください。

そうすることで、絵本が身近なものに感じられるようになるからです。りんご狩りの季節ならば、家族でお出かけするのもいいかもしれません。

少年は木が大好きで、木に抱きつく絵のシーンでは、「○○ちゃんもママ（パパ）にこんなふうに抱きつくね」とコメントするのもいいでしょう。

決まった答えのないやりとり

思春期に入った少年は、木登りには興味がなくなり、木にお小遣いをねだります。木はお金がないので、「りんごを持っておいき」と促します。

それでも木が「うれしい」とつぶやくシーンでは、「どうして木はうれしいと思う?」「○○ちゃんも誰かを喜ばせたいときどうする?」などと聞いてみましょう。

大人になった少年は、家を建てるために、枝を全部もらっていってしまいます。「きは　それで　うれしかった」と読む前に、「枝が全部なくなったら、木はどんな気持ちかな?」と質問してください。

そして、「どうして木はそれでうれしかったの?」とたずねることで、人の気持ちを思いやることを考えるきっかけとなるでしょう。

少年が、木の幹を切り倒してボートをつくって出航していったときには「きは　それで　うれしかった……」という説明のあとで、「しあわせに……なんてなれませんよね」と続きます。

この邦訳は、村上春樹氏のものですが、原作では"but not really"となっている同じ箇所を、最初の翻訳者である本田錦一郎氏は「だけど　それは　ほんとかな」と訳しました。

大人のみなさんは、どちらの訳がしっくりくるかによって、ご自身がこの絵本から何を感じとったかがわかるかと思います。

子どもには少し難しいかもしれませんが、木は本当にうれしかったのか、ぜひ一緒に話し合ってみてください。

物語は、切り株のみが残った木に、老人になった少年が腰掛けるシーンで終わります。全体を読んで、子どもがどのように感じたかを聞いてみましょう。

また、木と少年、それぞれの立場になって考えさせる質問の仕方もあるかと思います。

たとえば、**「もし〇〇ちゃんが、この木だったらどうする？」**あるいは、**「この少年だったらどうする？」**とたずねてみてください。

たいせつなきみ

マックス・ルケード作　セルジオ・マルティネス絵
ホーバード・豊子訳
いのちのことば社

この絵本は「木のウイミックス」という小人たちの街が舞台です。いろいろな格好をした小人たちは、みな、エリという彫刻家の手によってつくられ、シールのつけ合いっこをするために、金ピカの「お星さまシール」と、「だめじるしシール」を箱に入れて持ち歩いています。

この絵本では、ぜひ登場人物それぞれの気持ちにフォーカスした「決まった答えのないやりとり」や「子どもの生活と関連した質問」をして、子どもにいろいろなことを考えさせてみてください。

では、具体例を挙げましょう。

子どもの生活と関連した質問

まず、こんな質問をしてみましょう。

「お星さまシールとだめじるしシールを、小人さんたちがつけ合いっこしているけど、○○ちゃんはどう思う？」

そして、子どもの答えに応じて、次のようにフォローアップしていきます。

「きれいな小人や運動の得意な小人にはお星さまシールがつくことを、どう思う？」

「〇〇ちゃんだったら、どのシールがほしい？」

このように、登場人物を自分自身に置き換えて考えさせてみましょう。

1～4歳の子どもには難しい質問かもしれませんが、年長児や小学生の子どもならば、十分に答えられると思います。

絵本のなかで、パンチネロという小人は、「だめじるしシール」ばかりをつけられています。

その場面では、「〇〇ちゃんがパンチネロだったらどう思う？」とか、「パンチネロのお友だちだったらどう思う？」というように、人の気持ちを推し量ることができるのかたしかめてみましょう。

たとえば、「自分だったら嫌だ」といった答えが返ってきたら、「じゃあ、どうすればいいかな？」のように質問してみます。

決まった答えのないやりとり

「だめじるしシール」だらけとなったパンチネロが、同じ「だめじるしシール」ばかりの小人と一緒にいるほうがいいと感じるシーンでは、「どうしてパンチネロは気がラクになったと思う？」とたずねて、子どもの考えを引き出しましょう。

その後、「だめじるしシール」も「お星さまシール」もついていない、ルシアという小人に出会ったパンチネロは、シールをくっつけようとしますが、なぜかつきません。

ここでは、「どうしてシールがくっつかないのかな？」とつぶやいてみましょう。

1人で本を読めるようになったときに、「文字を追うだけでなく、大人もそうやって読みながら考えているんだよ」というお手本になるはずです。

あるいは、「○○ちゃんがルシアに出会ったら、何を聞いてみたい？」「ママ（パパ）なら、『どうしてシールがつかないの？』って聞いてみたいな」と、お手本の質問を示してみてもいいでしょう。

じつは、パンチネロもルシアにそんな質問をするのです。ルシアがエリに毎日会いに行くと聞いたパンチネロは、「自分にも会ってくれるだろうか？」と不安な夜を過ごしますが、彼自身も「シールをつけ合うなんて変だ」と思っています。

ここでは、最初に聞いた「**シールをつけ合うことをどう思う？**」の質問に結びつけて、子どもとやりとりをしてみましょう。

さて、パンチネロが考えた末に思いきってエリに会いに行くと、「ほかのウイミックスがおまえのことをなんと思おうとかまいはしないさ」と言われます。

このシーンでは、「**○○ちゃんは、エリの言ったことをどう思う？**」と聞いてみてください。

ストーリーを思い出させるやりとり

そして、エリがパンチネロに「なぜルシアにはシールがつかないと思う？」という質問をするときに、パンチネロがルシアと出会ったときのやりとりを思い出させて、

「エリも同じことを聞いてるね」とコメントしましょう。

それから、エリがどうしてシールがくっつくかを話したら、そのことについて子どもと話し合い、考えてみましょう。

最後にパンチネロがエリの家を出たところで、1枚の「だめシール」が落ちるのですが、それはなぜか？　というところに、この絵本の大切なメッセージが隠されています。

エリとパンチネロのやりとりの箇所では、ぜひ**「ほかの人がどう思おうと、ママ、パパ、先生は、○○ちゃんが大切だよ」**と語りかけてみてください。

絵本で「プログラミング的思考法」を学ぶ！

ルビィのぼうけん
こんにちは！　プログラミング

リンダ・リウカス作　鳥井雪訳
翔泳社

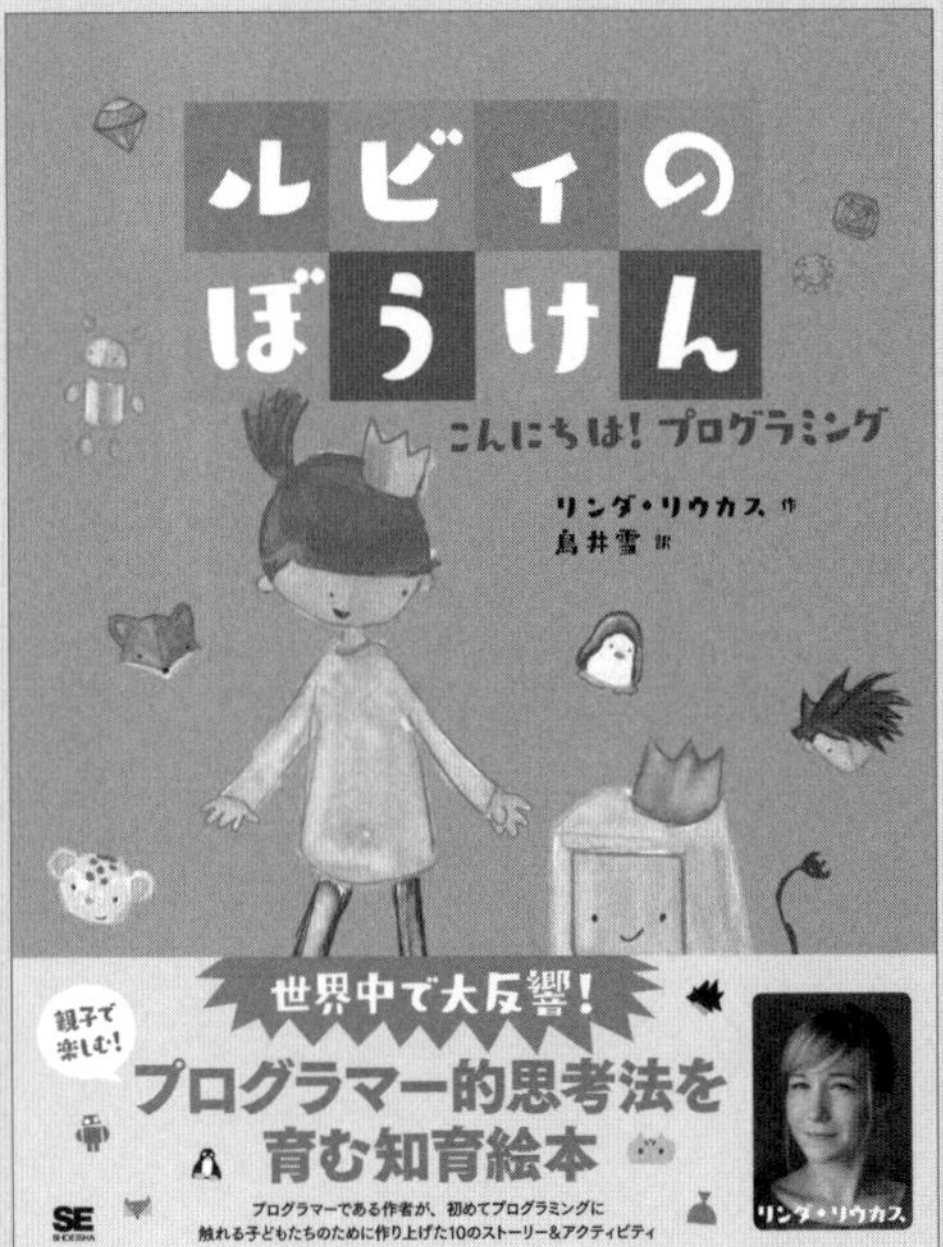

２０２０年春から、小学校でのプログラミング教育が必修化されました。

プログラミング教育と聞くと、「ＩＴ人材の不足を埋めるために、ついに国が重い腰を上げた」といったイメージを持たれる方が多いですが、小学校のプログラミング教育の目的はプログラマー育成ではなく、「プログラミング的思考法」を学んでもらうことです。

多くの人にとって聞き慣れないことばではあるものの、じつは私たちも日々の暮らしのなかで「プログラミング的思考法」を使っています。

たとえば、職場で作業マニュアルをつくるとき、こちらの意図が読み手に正しく伝わるように物事を順序立てて、ていねいに説明するはずです。同時に、読み手がイレギュラーなことをしないように注意事項を添えて外堀を埋める。それでもミスが起きたらマニュアルを見直して、再発防止策を考えるはずです。

このような能力（**順序立てて説明する力、ロジックの穴を埋める力、課題を発見する力、課題解決の手順を見つける力など**）**を総称して「プログラミング的思考法」というのです。**

ＩＴ関連にかぎらず、子どもが将来どんな仕事に就くにしても重要なスキルです。

そのプログラミング的思考法を子どもたちに伝えたいという思いから、フィンランド出身のプログラマー、リンダ・リウカスが製作したのが、『ルビィのぼうけん　こんにちは！　プログラミング』です。

コンピュータにいっさい触れることなく、プログラミングの世界に触れることができる画期的な作品です。私ははじめてこの作品を読んだとき、「英語のエッセイの論理展開法にも通じる！」と感じました。

本の前半が10章立ての絵本で、後半は子どもにプログラミングの概念を教えるさまざまなアクティビティが用意されています。

子どもが5歳くらいになったらまずは絵本を楽しんでみて、子どもが興味を示したらアクティビティをやってみる、という使い方がいいでしょう。

では、この本を使ってどのようにダイアロジック・リーディングを行えばいいのでしょうか？

テーマは独特ですが、これまでと同様のやりとりを行えば問題ありません。

それでは、具体例を示していきましょう。

決まった答えのないやりとり

パパに「お洋服を着なさい」と言われたときに、ルビィはパジャマを着たまま洋服を着ようとします。

そこで、子どもに考えてもらいましょう。

「どうしてルビィはパジャマを着たまま洋服を着るの？」

ヒントは、「お洋服を着なさい」というセリフです。
プログラミング的思考法では、「まずパジャマを脱いで」が抜けているのです。
「おもちゃを片づけなさい」と言われたルビィは、鉛筆を出しっぱなしにします。
そこで、子どもに**「どうしてルビィは鉛筆を片づけないの？」**とたずねてみましょう。
絵本のなかにはその答えが出てきますが、読み進める前に子どもに考えてもらうことが大切です。

パパから「宝石を見つけてごらん」と言われたルビィは、その課題をどのように解決していけばいいかを考えて行動します。ところが、出会ったペンギンたちに「宝石知らない？」と聞いても、返ってくる答えはチンプンカンプン。

そこで、この「宝石知らない？」という質問の、何が問題なのかを子どもと一緒に考えてみてください。

「どのように質問すれば、ペンギンたちからちゃんとした答えが聞けるかな？」と子どもにたずねましょう。

子どもの生活と関連した質問

後半の「自分でやってみよう」のセクションは、物語のなかだけでなく、日常生活のなかでの出来事もプログラミング的思考法で考えてみようというものです。

たとえば、子どもに歯磨きをしてもらう順番を、プログラミング的思考法で考えてみるというように……。

この場合の順番はこうです。


「洗面所に行く↓歯ブラシをとる↓歯ブラシに歯磨き粉を乗せる↓自分の口を開ける↓自分の歯を磨きはじめる↓全部の歯を磨く↓うがいをする↓歯磨き粉が残っていいな

ければ洗面所を出る」

日常生活では無意識にこうした順番で行動していますが、プログラミングでは、意識してこの順番を考える必要があります。しかし、最初から頭のなかだけで組み立てるのは難しいので、簡単なイラストを描くなどして、どの順番で指示すればいいのかを視覚的に組み立ててみてもいいでしょう。

絵本の後半部分には、そのほかにも、プログラミング的思考法を育てるいろいろな練習が用意されています。

たとえば、パーツやパターンを見分けるというようなことです。

また、「アルゴリズム」というプログラミング用語も出てきますが、これは「問題を解く手順」と説明されています。

いずれにしても、難しく考えすぎずに、自宅からスーパーに行く道順や、お友だちの家に行く道順の説明などを例にして、子どもに手順を考えさせてみてください。

この原稿を書きながら、英語のエッセイの論理展開法を教えるときのことが頭に浮かびました。例を挙げて説明する例証、手順を説明するプロセス、原因と結果、類似点と相似点を書くときの方法なども、プログラミング的思考法に通じます。

逆に、プログラミング的思考法を学ぶことは、文章を書くうえでも役立つでしょう。ぜひ、ご家族で『ルビィのぼうけん』に取り組んでみてください。

本章では、実際の絵本を下敷きにしながら、ダイアロジック・リーディングの実践例を示してきました。

ここで紹介した絵本がご自宅にある方はぜひ、一度試してみてください。

なお、ここで紹介したやりとりは、あくまで一例にすぎません。ここまで解説してきた、「ＰＥＥＲシーケンス」や、７つの問いかけ、次章で解説する伸ばしたい能力別の問いかけなどを応用しながらオリジナルのやりとりを考えてみてください。

第4章

ダイアロジック・リーディングで伸ばせる能力とその問いかけ

ダイアロジック・リーディングで伸ばせる5つの能力

ここまで、ダイアロジック・リーディングの基本と具体的な実践例を紹介してきました。

本章では、ダイアロジック・リーディングで伸ばすことができる子どもの能力と、それらを効率的に伸ばせる問いかけについて、能力別に紹介していきます。

では、ダイアロジック・リーディングで伸ばせる子どもの能力とは何か。

第1章で「考える力」と「伝える力」「読解力」という話は軽くしましたが、実際にはもっと多岐にわたります。

次ページに私の考えをまとめた図を用意しましたので、まずはご覧ください。

● ダイアロジック・リーディングで伸ばせる能力 ●

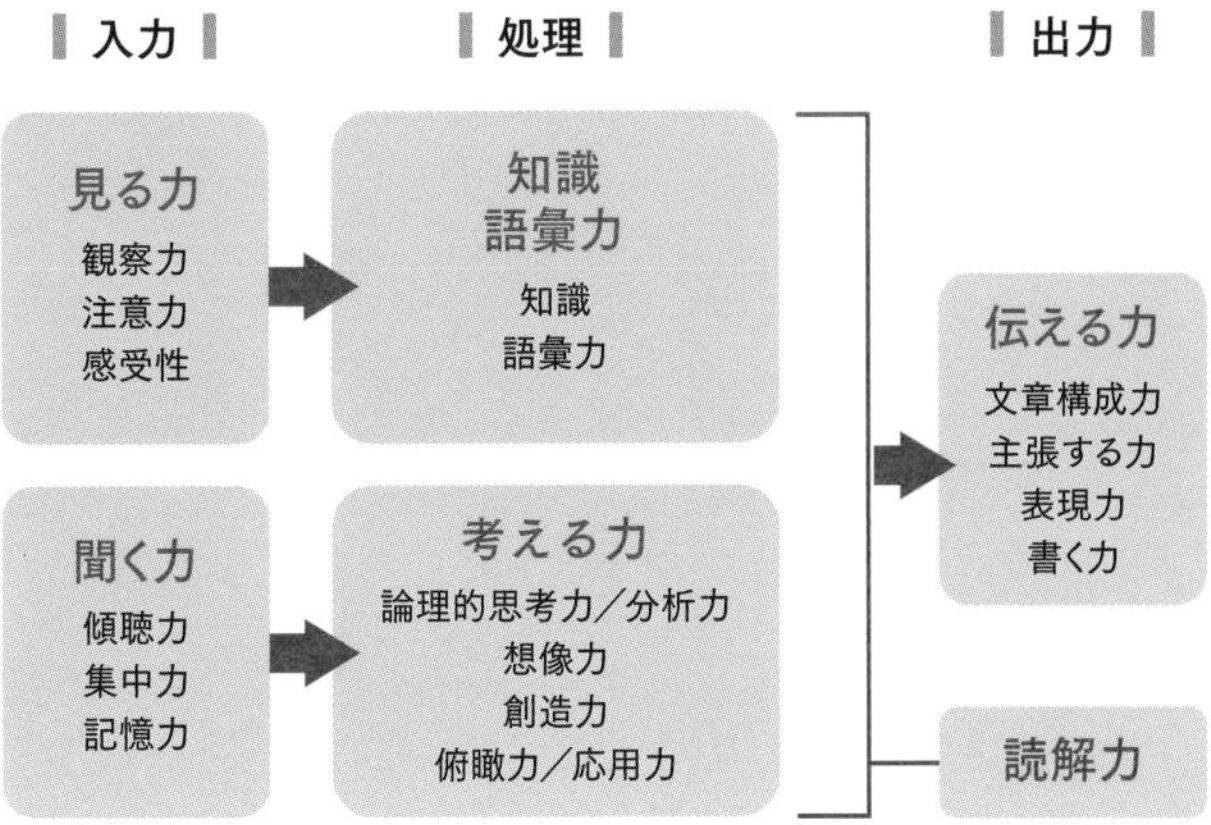

大きなくくりで見ると、ダイアロジック・リーディングで伸ばせる子どもの能力は、**「見る力」「聞く力」「知識・語彙力」「考える力」「伝える力」**の5つです。

この5つの能力は、人間の脳がある情報を処理していく際にたどるプロセスを、上流（入力）、中流（処理）、下流（出力）の順に並べたものです。

入力にあたるのが「見る力」と「聞く力」。

処理にあたるのが「知識・語彙力」と「考える力」。

出力にあたるのが「伝える力」です。

この5つの能力による分類を、従来的な読み聞かせに当てはめてみましょう。

親が一方的に読むだけの習慣を続ける場合、これらの能力のうち確実に強化されるのは「聞く力」です。親のことばにじっと耳を傾ける行為はその子の傾聴力を高めますから、それは間違いありません。

逆に鍛えることが難しいのは「伝える力」です。

大人の話を聞いていれば語彙力は高まりますが、自分の思っていることを文章として構成して人に伝える行為は、アウトプットの経験を少しずつ積みながら学んでいくことです。英語の音源を毎日聞いたところで、自分で英語を使う機会がないと英会話はうまくならないのと同じです。

残る「見る力」「知識」そして「考える力」の一部（想像力など）についてはある程度強化されるでしょうが、やはりその都度、対話を交えていかないと子どもの成長の推移を確認する術がありません。

「そんなことは普段の会話で確認できる」という意見もあるかもしれませんが、能力を鍛える題材が目の前にあるとき（読み聞かせをするとき）に確認すれば、臨機応変に問いかけの種類を変えていくこともできるはずです。

逆に、ダイアロジック・リーディングは子どもの情報処理能力や言語能力を総合的に高めることができます。

2～3歳のうちは「見る力」「聞く力」「知識・語彙力」を積極的に高め、4～5歳以降は「考える力」「伝える力」を重点的に伸ばしていくといいでしょう。

では、5つの能力の詳しい解説と、それぞれの能力を高めるための問いかけの例を紹介していきたいと思います。

脳に入る情報が劇的に増える！「見る力」を伸ばす問いかけ

当然ながら絵本は絵が主体です。とくに小さい子どもは読み聞かせの最中、絵しか見ていません（だから文章を読み終える前にページをめくろうとする子どもが多いわけですね）。

せっかく子どもが絵に興味を示しているなら、その興味をうまく活用しましょう。絵に関する質問を積極的にしていくことで、子どもの「見る力」を効率的に強化することができます。

ここで言う「見る力」とは、視覚情報の選別（＝意識の向け方）をコントロールする能力のことです。

人間の目はカメラでいえばレンズのようなもので、視界に入った情報をひたすら脳に送り込む役割を担っています。

脳に送り込まれる視覚情報は膨大にあるにもかかわらず、脳にはその処理能力がないため、実際には私たちは目が捉えた情報の一部しか映像として認識していません。

たとえば、この本を読んでいるいまこの瞬間は、白い紙に印刷された黒い文字（のさらにごく一部）がフォーカスされ、その周辺に見えているかもしれない散乱したおもちゃなどはぼやけて見えていることでしょう。

こうした現象が起きるのは、脳内には視覚情報のフィルターが存在し、意識の向け方に応じてフィルターをカチャカチャと切り替えながらものを見ているからです。

子どもの「見る力」を伸ばすというのは、そのようなフィルター（意識）を自在に切り替えられるようにする、という意味です。

その能力は子どもの観察力・注意力の向上に役立ち、ひいては感受性（雑多な視覚情報のなかから意味のある情報を抽出する力）を高めることにつながります。

わかりやすい例を挙げましょう。

小さい子どもはイースターのたまご探しのように、何か隠してあるものを探す遊びが好きです。かくれんぼのように隠れているものが大きいと「見る力」の差はあまり出ませんが、これが部屋のなかにミニカーを隠すくらいのレベルになってくると、その子の「見る力」がはっきりとした差として現れます。

「見る力」が弱い子は、フィルターの切り替えがなかなか起きないので視界に入ったとしても背景に埋没することが多く、発見するまで時間がかかります（車を運転するときに標識を見落とすことが多い人も「見る力」が弱い証です）。

一方で「見る力」のある子は、鳥の目（全体を捉える俯瞰力）と、虫の目（細部の観察力）を高速で切り替えながら探すことができるので、発見がはやいのです。

私が、ある幼稚園でダイアロジック・リーディングを実践してもらったときに記録した対話が手元にあるので、実例を紹介します。

このときに使ったのは、『きんいろあらし』（カズコ・G・ストーン作・福音館書店）という絵本で、物語のなかに柳の木が出てきます。

先生：「これ、幼稚園にもある木なんやけど、知ってる？」

知識・語彙力の確認

子どもA：「やなぎ」

先生：「はい、柳ですね」

子どもB：「ざりがにの前」

先生：「そう。ざりがに池の前にある木やね！　柳の葉っぱってこんな色？　それとも少し違うかな？」

見る力の確認

子どもC：「緑の色や」

先生：「よう見てますね。そう、まだ緑色やね」

何げないやりとりのように思えますが、**ポイントは先生が子どもたちの意識を「木の葉の色」に向けさせたことです。**

こうした問いかけを経験したことで、子どもたちは今後、木を見るときに「あ、木だ」とその存在を単純に認識するだけではなく、葉の色というディテールまで意識が向くようになる可能性が高いのです。

先生から「よう見てますね」と観察力を褒められた子どもはなおさらでしょう。

ぜひ、日常の読み聞かせの際、次のような絵に関する問いかけをしてみましょう。

【「見る力」を伸ばす問いかけ(例)】

「どんな動物がいるかな?」

「手に何を持っているかな?」

「ちょうちょは何羽いるかな?」

「てんとう虫がいるんだって。見つけて!」

「この子、どんな表情をしているかな?」

「この子は何をしようとしているのかな?(+なぜそう思うかな?)」

「寒いかな、暑いかな?(+なぜそう思うかな?)」

「この子たちは楽しいのかな、悲しいのかな？（＋なぜそう思うかな？）」

人間の5感（視覚・聴覚・触覚・嗅覚・味覚）から得られる情報のうち、約9割は視覚情報だと言われます。

つまり、視覚情報の処理能力を左右する「見る力」が高いか低いかで、同じような生活を送っていても脳に入ってくる情報量が大きく変わるということです。

わざわざ訓練しなくても日常生活に支障はないので、見過ごされがちですが、「見る力」は子どもが生涯恩恵を受ける重要な非認知スキルなのです。

なお、子どもの「見る力」を伸ばす方法については、つくば言語技術教育研究所の三森ゆりか先生が書かれた『絵本で育てる情報分析力―論理的に考える力を引き出す②』（一声社）という本が、非常に参考になります。

三森先生はその本のなかで、「子どもが1人で本を深く読めるようになるには〝指標（どんな視点で物語を読むか）〟が必要であり、日本の初等教育ではその教育をしていない」

と説きます。そして、「それは絵の鑑賞の仕方も同様であり、子どものうちに指標を教えれば、子どものアート鑑賞能力は訓練できる」と指摘されています。

私もまったく同感です。

ダイアロジック・リーディングの対話を通じて子どもたちに直接的もしくは間接的に教えていきたいことは指標であり、視点なのです。

人の話を深く聞けるようになる！「聞く力」を伸ばす問いかけ

視覚と同様、耳から入ってくる雑多な聴覚情報は、聴神経を経て脳が自動的に選別しています。そして、その聴覚情報が言語の場合、その意味を理解するためにさらに脳の言語中枢が動くわけですね。

よく、「過集中ぎみの人は話を聞くのが苦手」と言われますが、「人の話を聞く」という行為は誰しも同じレベルでできることではありません。脳の能力のひとつであり、得意な人もいれば、苦手な人もいます。

そして、それは耳のトレーニングによって伸ばすことができるのです。

とくに、聴覚は小学校に上がるまで（3～6歳くらいまで）の期間に大きく発達することが知られています。

音楽教育の世界で「絶対音感を身につけさせたいなら6歳まで」という定説が根強いのも、子どもの聴覚の発達期と関係があるからでしょう。

その点、親のことばに耳を傾ける（意識を向ける）読み聞かせの行為自体、子どもの「聞く力」を伸ばす絶好の機会です。

よって、ほかの4つの能力とは異なり、「聞く力」を伸ばすための問いかけというものはあまり意識する必要がありません。しいて言えば読み聞かせを習慣化して、できれば毎日行う、ということでしょうか。

私がよく親や先生たちから相談を受けるのが、「ダイアロジック・リーディングに変えてしまうと物語が小間切れになってしまい、子どもの集中力に悪影響が出ないか？」ということです。

ダイアロジック・リーディングに躊躇する親の多くが抱く懸念です。

たしかに、子どもがじっと黙って話に聞き入っているときに、その集中を切ってしまうのはもったいないと感じる気持ちは理解できます。

まず前提としてあるのは、前述したとおり、子どもが物語の世界観や話の山場を楽し

んでいるのであれば、無理に話の流れを切る必要はないということです。

空想を楽しんだり、ワクワクやドキドキを感じさせたりすることも情操教育上、大事なことです。

それを踏まえたうえで、私はいつも次のように説明します。

こういう考え方はどうでしょうか？

読み聞かせ時の対話を通じて物語を多角的かつ分析的に捉える癖をつけておけば、その子が今後、人の話を聞いているときや1人で本を読むようになったときも、自分なりに考えられるようになります。

人の話を黙って聞くことは、しつけの観点からはいいことかもしれませんが、子どもの将来を考えたときに本当に大切なことは、人から言われたことや書かれていることを無批判に受け入れることではなく、主体的に考えられるようになることではありませんか？

せっかく毎日絵本を読んでいるのであれば、ダイアロジック・リーディングでその訓練をしてみませんか？

●「尋く力」のイメージ●

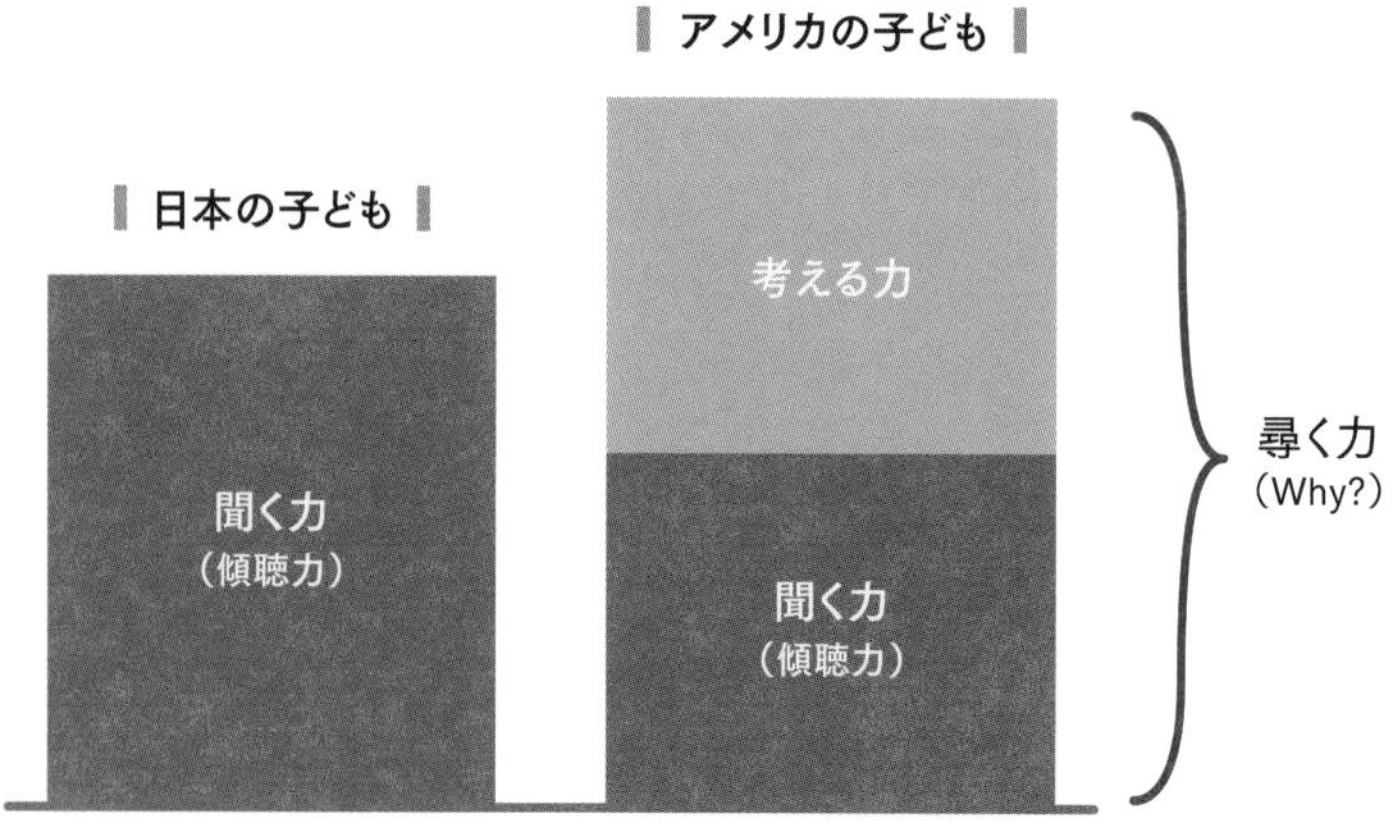

そもそも、集中力は子どもが関心を持ったことに対して自然と発揮されるものです。もちろん、普段から主体的に考える力がつけば、自ずと集中力は高まります。

私がかつてアメリカと日本の3歳児の読み聞かせの様子を調査したときに感じたことがあります。

それは、「日本の子どもは聞く力が高いが、アメリカの子どもは〝尋《き》く〟力が高い」ということです。

たしかに日本の子どもは黙って聞くことは得意です。

一方、アメリカの子どもは幼少期から「意見を持つ」「考えを言う」訓練を受けているため、話を聞きながら、平行して考える癖がつきます。

その結果、読み聞かせの最中に「Why?（なぜ？）」と親にたずねる場面が増えるのです。

ぜひダイアロジック・リーディングで「聞く力」だけではなく、「尋く力」も伸ばしてみましょう。

思考に不可欠な材料！「知識・語彙力」を伸ばす問いかけ

絵本は子どもに新しい知識や語彙を教える格好の教材です。

一方的に読み聞かせるだけでは、教えられる知識やことばに限界がありますが、絵や物語をきっかけに大人が話を広げていけば、与えられる情報量は何倍にも増やすことができますし、そもそも対話を通じて大人が持つ豊かな表現力を少しずつ分け与えていくことができます。

思考活動が料理だとしたら、知識や語彙力は食材です。

知識偏重の教育はたしかに問題ですが、どれだけ思考力があっても知識や語彙力がなければ深い思考や適切な判断ができません。

子どもの健康のために食材にこだわるのと同じように、子どもの考える力を伸ばすために、どんどん新しい知識や語彙、表現を注ぎ込みましょう。

とくに、子どもが2〜3歳とまだ小さい段階では、この「知識・語彙力」を伸ばす問いかけが必然的に多くなるはずです。

それに、積極的に子どもの発話を促すことで、子どもたちの知識や語彙力の「現在地」を、よりきめ細かく把握できるようになります。

以前、日本の幼稚園でダイアロジック・リーディングを実践してもらったときのことです。

絵本に「彼岸花《ひがんばな》」が登場する場面で、先生が「この花、何か知っている？　園にも咲いているよね」と質問しました。

そのときある年長の男の子が手を挙げて、「ボク知ってる！　ボク知ってる！　ホトケバナ！」と答えたのです。

その調査に立ち会った大人は、私も含め「ああ、惜しい。でも、あの子すごい」と感心しきりでした。

たしかに男の子は「彼岸花」という正解には達していません。しかし、「お墓参りに行ったときに見た花」ということを覚えていて、なおかつ「お墓参りは仏様に会いに行く行事」ということも理解したうえで、イメージを結びつけて「ホトケバナ」という名前を考えついたのです。

ほかにも印象深かったのは、ある女の子が、お姫様がきれいなドレスで登場するシーンを見て「舞踏会みたい」とコメントしたことです。「舞踏会」という普段の会話には出てこないことばを習得していることに驚かされただけではなく、「○○みたい」と、自分の知っていることと絵本に登場する物事を比較できる能力が育っていることもわかりました。

別の場面では、先生が「2万年も前ってどんな前やろ？」と、子どもたちにたずねました。さすがに「2万」という数字の概念は難しすぎるだろうと思っていたら、ある子は「めちゃくちゃ前！」と答え、ある子は「むかし」と答えました。

ちなみにこの幼稚園では、それまで普段の読み聞かせでは先生たちも文章以外のことはできるだけ発言せず、子どもたちにも「絵本を読んでもらうときは静かに聞きましょう」と教えていました。

しかし、ダイアロジック・リーディングに変え、子どもたちが積極的に発言できる機会を与えてみた結果、知識や語彙力の発達具合が目に見えてわかるようになりました。

そのとき、この幼稚園の先生は、

「大人が想像している以上の知識や語彙力が、子どもたちのなかで育っていることに気づかされた。今後はそれをもっと伸ばしてあげることに意識を向けるべきなのかもしれない」

と、おっしゃっていました。

前述のとおり、知識や語彙力は自分で考えること、自分の意見を言うことのベースになります。

お子さんの成長度合いをたしかめるためにも、ぜひ読み聞かせ中に、次に挙げるような問いかけをしてみてください。


【「知識・語彙力」を伸ばす問いかけ（例）】

「これは何？」

「これは何色？」

「この人、何をしているかな？」

「○○って知ってる？」

「○○って△△のことなのよ」

「○○について一緒に調べてみようか！」

論理と感性を鍛える！「考える力」を伸ばす問いかけ

ダイアロジック・リーディングにおける大人からの問いかけによって、最も伸ばせる能力が「考える力」です。

第1章でも紹介した「どう思う？」「なぜそう思う？」という問いかけをはじめ、子どもに自分で考えるきっかけを与えれば与えるほど「思考力」や「判断力」は伸びていきます。

そもそも考える力は、いままで子どもが考えたことがなかったようなことを半ば強制的に考えさせることによってはじめて鍛えられます。

そうした負荷を微調整できるのは、子どもの発育を間近で見ている親なのです。

さて、ひと言で「考える力」と言っても、厳密に考えるとさまざまな能力によって

構成されていることがわかります。具体的には

・論理的思考力／分析力
・想像力
・創造力
・俯瞰力／応用力

などです。

考える力のなかでも、とくに重要なのが「論理的思考力」です。

「ロジカルシンキング」とカタカナで書くと、やたらと理屈っぽく聞こえますが、論理的思考力こそ考える力の基盤であり、あらゆる学問の土台です。そして、それは幼少期から鍛えることができます。

小さな子どもに論理的思考力を学んでもらうときに大人が意識すべきは「因果関係」です。

たとえば、「ご飯の入ったお皿を床に落としたら床が汚れる」「床を汚したらママ（パパ）が不機嫌になる」といった話は、大人であればあまり意識すらしない「因果関係」ですが、小さな子どもには、それがわかりません。

それどころか、「物事には因果関係がある」こと自体を少しずつ学んでもらうことから「考える力」のトレーニングがはじまるわけです。

たとえば、先述した絵本『きんいろあらし』の柳が出てくる場面で、クモのセカセカさんが柳の枝に飛びつくのですが、ここで先生が「枝がちぎれてしまったらどうなると思う？」と子どもたちに質問しました。

最初に発言した子どもは「わからない」と答えました。

次に発言した子どもは「落ちちゃう？」と少し自信なさげに答えました。

そこで先生が、「落ちちゃう？」とほかの子どもたちの発話を促す意図でオウム返しをすると、ある子が「池に入る」と答えてくれました。

これがまさに子どもに「因果関係」を意識してもらうための問いかけです。

物事をロジカルに考えられるようになると、「見る力」や「知識・語彙力」といったほかの能力も駆使しながら状況を分析したり、事の顛末を予測したりすることが少しずつ得意になっていきます。

子どものレベルに合わせて少しずつ問いかけの難易度を上げていきましょう。

また、考える力は必ずしもロジックの世界だけで完結するわけではありません。

たとえば、「この子はいまどんな気分かな？」「こんなことを○○ちゃんがされたらどう思うかな？」と問いかけることによって、**人の気持ちを想像したり、ストーリーを自分の立場に置き換えて読んだりする能力が鍛えられます。**

さらに、ロジックとは距離のある「創造力」も、問いかけしだいで鍛えられます。

たとえば、物語を読み終えたあとの世界を創作してもらったり、絵を描くことが好きな子なら絵本を丸ごと1冊つくってもらったり、読んだことのない絵本を、絵だけを頼りに話を即興でつくってもらったりすることで、その子の自由な発想力を発揮させることができます。

なお、創造力（クリエイティビティ）とは、思考の制約がない状態のことですから、子どもの創造力を伸ばしたいならとにかく「なんでもＯＫ」にすることが重要です。

論理的思考力や想像力、創造力などがついてくると、そのうちその子どもならではの考え方（批判力）を持てるようになります。

そのための問いは簡単。

「ママ（パパ）はこう思うな。○○ちゃんはどう思う？」です。

そして、その返答に「なぜそう思う？」という新たな問いをかぶせることで、考えをロジカルに整理する癖をつけさせるのです。

慣れないうちは、自分の子どものレベルにぴったり合う問いかけを選ぶことが大変に思えるかもしれませんが、あまり難しく考えすぎず、「もし答えに窮する様子であればすぐに助け舟を出せばいい」くらいの感覚ではじめられたらいいと思います。

とくに、子どもの「考える力」は急速に伸びていきますので、「この子にはまだはやいだろう」とあまり決めつけずに、次の例を参考に試し試し質問を変えていくといいでしょう。


【「考える力」を伸ばす問いかけ（例）】

「○○ちゃんはどう思う？」

「このお話の季節はいつだと思う？」

「○○ちゃんならどうする？」

「この子、どんな気持ちだろう？」

「なんでこうなったと思う？」

「じゃあ、どうすればよかったのかな？」

「○○ちゃんも、こんなこと経験したね。そのときどう思った？」

多様性社会を生き抜く必須スキル！「伝える力」を伸ばす問いかけ

日本では、絵本の読み聞かせをするときに、いまだに「子どもに感想を聞いてはいけない」という主張を耳にすることがあります。もし、その理由が「考える力と伝える力がないから」ということであれば、それは「考える力」と「伝える力」を高めるための訓練を、普段からしていないだけなのではないでしょうか。

親子でやりとりし、子どもの発話を引き出すダイアロジック・リーディングですから、子どもの「伝える力」が伸びることは言うまでもありません。

ここで言う「伝える力」は総称であり、実際には、

・思い浮かんだことを文章として構成する「文章構成力」

・自分の感情や情景などを最適なことばで指し示す「表現力」
・相手に伝わるように物事を整理して話す「説明力（プレゼン力）」

といった言語能力（専門用語で言えば「ナラティブ・スキル」）や、

・自分の意見を臆せず発する「自己主張力」

といった態度・姿勢も関連してきます。

いずれもダイアロジック・リーディングを習慣化していれば強化できるものです。

このように「伝える力」を鍛えておけば、子どもが自分で文字を書けるようになった段階で、その能力はそのまま「書く力」へと転換されますし、大人になってからのプレゼン力やディベート能力の土台にもなります。

「伝える力」は、「考える力」と並んで、来たる多様化社会において不可欠となる非認知スキルです。

「人は考え方が違って当然である」という共通認識からスタートし、そこから前向きな議論を交わしていくためには、何よりも自分の考えを「察してもらう」のではなく、「はっきりと伝える」という行為が必要になるからです。

ぜひ、次のような問いかけを行い、子どもの「伝える力」を養ってください。


【「伝える力」を伸ばす問いかけ（例）】

〈2・3歳向け〉


「そう。赤い消防車ね。〝あかいしょうぼうしゃ〟って言える？」

「どんな動物がいるか、教えて！」

「〇〇ちゃんがこんなことをされたらどう思う？」

〈4・5歳向け〉
「どんなお話だったか、教えて！」
「じゃあ次のページは○○ちゃんが読んでくれる？」
「どのページがいちばん好きだった？　それはなぜ？」
「今日はこの絵本、ママ（パパ）に読んでちょうだい」

このように、読み聞かせのときに子どもに話をさせてみると、大人が想像している以上の「伝える力」が育っていることに気づかされるものです。

もし、話す機会を与えなかったら、こうした発達の芽を見逃してしまうかもしれません。

読み聞かせのときに問いかけをして、答えを引き出すこと。さらに、それにともなって子どもの自発的な発話を促すこと。

そうすることで、子どもの「伝える力」が伸びる兆しを見逃さず、可能性をより伸

ばしてあげることができる。

それも、ダイアロジック・リーディングのすぐれた点だといえるでしょう。

第１章から第４章まで、ダイアロジック・リーディングとは何か、具体的にどうやるのか、実践するとどのような変化がもたらされるのかについてお伝えしてきました。ダイアロジック・リーディングについておおよそ理解していただけたかと思います。

次の章では、実際にダイアロジック・リーディングの効果をより上げるためのコツや工夫について説明していきたいと思います。

第5章

ダイアロジック・リーディングの効果を最大化する工夫とコツ

ダイアロジック・リーディングを成功させる5つのコツ

本章では、ダイアロジック・リーディングをうまく取り入れるコツ、そして、私がよく受ける質問をもとに、より効果を上げるための工夫などについてお伝えします。

まずは、ダイアロジック・リーディングを成功させるための5つのコツを紹介しましょう。

コツ1　褒めることと励ますこと

子どもが問いかけに答えることができたら、褒めたり、励ましたりすることを忘れないようにしましょう。

「PEERシーケンス」の2番目は「評価（Evaluate）」でしたが、これは「大人が採点者になりましょう」という意味ではなく、相槌をうったり、褒めるなど、子どもを肯定することです。

子どもの発言を否定したり、批判したりすることは避けましょう。

子育て全般で実践されている方が多いはずですが、読み聞かせ時に子どもを褒めるときのコツは、「よくできたね」「えらいね」「すごいね」といった褒めことばと合わせて、**「何がよくできたのか」をできるだけ具体的なことばにして伝えてあげることです。**具体的にすることで子どもはそのことに対して自信を持てるようになり、その後の発言や行動に積極性が出てきます。

たとえば、「動物さんの名前、いっぱい言えるようになったね！」と言われた子どもは、その後、生活のいろいろな場面で、積極的に動物の名前を言ってくれるようになるでしょう。知らない動物がいたら「名前を言えるようになってもっと褒められたい」という感情が自然と高まり、子どもから「なんていう動物？」と聞いてくるかもしれません。

もしくは、「本当だ。ここに小鳥さんがいるね。こんなに小さいのによく気づいたね！」と観察力を褒められた子どもは、絵を見るときに自然とディテールにも目がいくようになるかもしれません。

もちろん、一生懸命考えて発言をしたことに対して「がんばって考えたね。えらい、えらい」と褒めてあげることも忘れずに。

どんな答えであっても、子どもなりに考えて発言したことは親が100％受け止めてあげる。それが子どもの心の安全、ひいては「考える行為」や「伝える行為」への積極性につながります。

親の問いかけに対して子どもが誤った返答をすることもあるでしょうが、答えが正しいかどうかは二の次です。

とくに、子どもに考えさせる問いをするときは、「読むことは考えることである」という感覚を当たり前にすることが目的であると意識してください。

そのうえで子どもに正解を教えたいときには、「ママ（パパ）は○○だと思うな」などと間接的に伝えましょう。

あえて間接的な言い方をすることで、子ども本人に自分の誤りに気づいてもらうのが狙いです。

たとえば、桃太郎と鬼のどちらが大きいかをたずねて「桃太郎」という返答があったときは、「違うでしょ」とダイレクトに否定するのではなく、「桃太郎かぁ。ママ（パパ）は鬼かと思ったんだけどな」と、にこやかに言ってみてはどうでしょう。

コツ2　必要に応じて情報をつけ足し、子どもを助ける

問いかけをしたけれど、子どもには答えがわからない……。

そんなときこそ、教えるチャンスです。

発展途上である子どもの言語能力や理解力、想像力などには限界があります。ダイアロジック・リーディングには、そうした子どもの現時点での能力を大人が把握しながら、無理のない範囲で少しずつ境界線を広げていく狙いがあります。

そこで重要になるのが、**対話時におけるプラスアルファの情報のつけ足し**です。

たとえば、子どもが絵に描かれているチューリップに気づいて「あ、お花が咲いてる！」と自発的に発言したとしましょう。

そのとき、物語に集中させようという意識が強すぎて、「そうだね。お花だね」だ

けで対話を終わらせて物語に戻るのは少しもったいない気がします。

そのかわり、「本当だ、よく気づいたね。花壇に赤いチューリップが咲いているね。〇〇ちゃんの保育園にも咲いていなかったっけ？」と言ってみてはどうでしょう。

このように、ちょっとしたひと手間をかけることで、「花壇」や「チューリップ」といった単語の学習、「赤い」という形容詞の文中での使い方などを教えることができ、さらには「現実世界と関連づけながら本を読む」という思考の癖をつけさせることもできます。

コツ3　子どもの興味にしたがう

絵本のなかのすべてのことばを読んだり、すべての絵について語ることは重要ではありません。

たくさん問いかけてたくさん語らせればいい、というわけではないのです。

どこでやりとりをするかは、子どもが何に興味を示しているかを観察し、それにしたがいましょう。

子どもがストーリーのある箇所や絵に興味を持ったら、そのことについて話すように促してください。子どもは、自分の興味の対象に大人も関心を持っていることがわかると、読み聞かせをいっそう楽しむようになります。

コツ4　楽しむこと

ダイアロジック・リーディングのゴールのひとつは、子どもが大人と絵本を読んで楽しむことです。

いくら効果的な読み聞かせ法だとはいっても、子どもが楽しめないような読み方をしてしまっては、意味がありません。

ときには、子どもがやりとりをすることに疲れているように見えることもあると思います。そんなときには、質問はせずに読み進めてしまってかまいません。やりとりをするのは、別の機会にとっておけばいいのです。

ダイアロジック・リーディングには、高い学習効果がありますが、だからといって、読み聞かせが「お勉強」的な雰囲気になってしまうのは考えものです。

ダイアロジック・リーディングを取り入れることで、子どもが読み聞かせを楽しめなくなってしまっては本末転倒。

絵本の文章を読みながら、子どもが興味を示すことを見つけて、さまざまなやりとりを試してみてください。

とくに、大人がゲームのようにやりとりをするアプローチをとると、子どもはダイアロジック・リーディングをいっそう楽しんでくれます。

たとえば、あるページを大人が読み、次のページを子どもが読む、といった進め方をしてみましょう。

ダイアロジック・リーディングを成功させる秘訣は、こうしたやりとりを「お勉強」と捉えず、子どもが喜んで答えられる質問をすること。そして、子どもと一緒に楽しむことです。

それを意識することで、子どもたちは、お話を聞くだけの絵本の読み聞かせよりも、ダイアロジック・リーディングを楽しんでくれるようになるはずです。

コツ5　問いかけのかわりにコメントを入れてもいい

「自分にダイアロジック・リーディングができるのだろうか？」とまだ不安な方に、私なりのアドバイスを補足させてください。

実際に小さな子どもを相手に対話形式で読み聞かせをしてみると、子どもがすぐに答えられそうな問いであれば大人もとくに躊躇することなくできるはずです。しかし、「いまのこの子に答えられるのだろうか？」という少し難易度の高い問いかけに関しては、どのタイミングで質問をすればいいのかで迷うと思います。

立て続けに難しい質問をしてしまうと、「子どもが自信を失ってしまうのではないか」「読み聞かせの時間が嫌いになってしまうのではないか」と不安になるからです。

そこで私が親や先生によくおすすめしているのが、「ＰＥＥＲシーケンス」にこだわりすぎないで、**問いかけとコメントを臨機応変に使い分ける**スタイルです。

たとえば、子どもに覚えてほしいことばや表現があったときに、「ＰＥＥＲシーケンス」はいったん忘れて、まるでひとり言を言うようにどんどんその情報をつけ足していくのです。

もしハリネズミが描かれていたら「**うわ、このハリネズミ、背中がトゲトゲしていて触ったら痛そう！**」とコメントを入れて、そのまま話に戻る。たったそれだけでも子どもにとっては新しいことばや知識を学ぶきっかけになります。

コメントを入れていくスタイルは、「考える力」が求められる場面でも使えます。

主人公が悲しくて泣いている場面で、泣いている理由を子どもにたずねてもまだ答えられないかもしれないと思ったら、**「あらま、この子泣いているね。○○したから悲しくなったのかなぁ」**とコメントを添え、そのまま読み進めます。

そして次回、同じ本を読むときに、**「なんで泣いているのかなぁ。うーん」**という感じで、あまり押しつけがましくない形で問いかけてみてはどうでしょう。

なんでもかんでもコメントを入れて、子ども自身に考える余地を残さないのはよくありませんが、文章で直接書かれていない因果関係を理解したり、事の顛末を予測するような思考活動は子どもにとってはハードルが高いものです。

そこはやはり大人がうまくコメントという形で「お手本」を見せながら、手助けをしていただければと思います。

それに、大人がコメントを交えながら本を読む姿を見ていれば、子どもも「本っていろいろ考えながら読むものなんだなぁ」ということが徐々にわかってくるものです。

その気づきこそが「子どもが1人で本を読めるようになる第一歩」なのです。

子どもが嫌がったら、あせらず少しずつ試す

私自身もしばしば経験することですが、小さい子に読み聞かせをしているなかで、やりとりをしようとすると「はやく先を読んで！」とせがむ子がいます。

面白いお話であれば、はやく続きを知りたくなるのは自然なことですし、静かにお話を聞くことに慣れている子は、いきなり質問をされて戸惑うこともあると思います。

そうならないためにも、これから読み聞かせをはじめようという0歳、1歳くらいの子どもに対しては、最初のうちからダイアロジック・リーディングをしていくことをおすすめしています。

そうすれば絵本を読んでもらうときにはあれこれと話しながら、というのが当たり前になるはずです。

一方、すでに黙って聞く読み聞かせに慣れてしまった子どもがダイアロジック・リーディングを嫌がるようなら、無理をせず、少しずつ慣らしていくようにしましょう。

慣れてもらう方法は、いくつかあります。

まず、はじめての絵本は普通に読むようにすること。未知のストーリーに触れて、はやく続きが知りたい、と子どもが思うなら、無理にやりとりをせずに普通に終わりまで読んでしまいましょう。

子どもは気に入った絵本は何度も読んでもらいたがるものですから、2回目以降に少しずつ質問をしていくなりして、やりとりを増やせばいいのです。

また、作品のなかで1つだけ質問することからはじめてみるのもいいかと思います。たとえば、第3章で紹介した『はらぺこあおむし』なら、普通に読み進めていって、さなぎから蝶が出てくる直前で1回だけ「**これ、何が出てくると思う?**」とさりげなく質問してみるのです。

全体で1回だけの質問なら、たとえはじめて読む絵本だったとしても、子どもも嫌がらないでしょう。そして回数を重ねるごとに少しずつやりとりを増やしていきます。

また、「読み聞かせのときはいろんなお話しをするもの」というモデルを、読み手である大人が示すのも効果的です。

お話を読みながら、ところどころで「きれいだね」「すごい！」「ママ（パパ）ならこう思う」といったコメントをしてみましょう。

いずれにしても、「絵本を読んでもらうときに話してもいい」とわかれば、子どもは問いかけられるまでもなく、自発的にどんどん発話しはじめます。これは、私の行った幼稚園での実践でも証明されています。

最初からみっちりとやりとりをしようとするのではなく、少しずつ、自然に会話を増やしていく意識で、徐々にダイアロジック・リーディングに慣らしていくようにしてみてください。

毎回質問を変えようとする必要はない

子どもはお気に入りの絵本を何度も読んでもらいたがるものです。

同じ絵本を使って、何度もダイアロジック・リーディングをやっていくとき、同じ質問を繰り返していいのか、それとも毎回質問を変えるべきなのか、気になる人もいるかもしれません。

この点についてはとくに心配する必要はありません。

読み聞かせを繰り返すごとに、子どもは絵本の内容への理解を深めていきます。すると、疑問や関心を持つ部分も変わるため、自ずと対話の中身も変わってくるからです。

もちろん、子どもが同じ質問をされることを楽しんでいるようなら、繰り返してもかまいません。その度に違う答えが返ってきたり、前回よりもうまく答えを拡張できたりといった発見もあると思います。

前述のとおり、やりとりのコツは、「子どもの興味にしたがう」ことです。

読み聞かせをしながら観察していれば、その子が絵本のどこに興味を持っているのかはわかりますから、それに合わせて問いかけたり、話すように促したりすればいいのです。

また、子どもが自発的に話し出すことも増えますから、それによっても新しいやりとりが生じるでしょう。

質問は、毎回変えなければいけないものでも、変えてはいけないものでもありません。

「子どもの興味にしたがう」ことを基本にして、柔軟に選択していけばいいのです。

5歳で卒業はもったいない！本を「深く読める」まで続けよう

繰り返しになりますが、ダイアロジック・リーディングは、はじめて絵本を読むときからはじめるのがおすすめです。

第1章で紹介したように、私がかつて日米の3歳児と5歳児の母親に行ったアンケートによると、アメリカでは平均すると5カ月前後から読み聞かせをはじめている一方、日本では1歳になってからはじめるという結果になりました。アメリカのほうが言語教育の意識が強いことも、この数字の差の一因であると分析しています。

逆に、いつまで読み聞かせをするかについても、意識していただきたいことがあります。

それは、子どもが自分の力で本を「深く読める」ようになるまでです。

「深く読める」とは、ひらがなや漢字を覚えて「文字が読めるようになる」という意味ではありません。

表面的に文字や文章を追うことができても、考える力を駆使してその意味を正しく理解できていなくては「読んでいる」とは言えないからです。

日本では小学校に上がる前後、おおむね5〜6歳くらいで、徐々に読み聞かせを「卒業」するのが一般的です。しかし、小学校に上がってからも、できるだけ長く続けるようにしてください。

小学校のカリキュラムで、子どもの読解力やクリティカル・シンキング（批判的思考）を強化する機会が滅多にないことを考えると、小学校入学前後で読み聞かせをやめてしまうのははやすぎると思います。

アメリカでは小学生になっても親と一緒に本を読むことはよく行われています。絵本では物足りない学年になると、『ハリー・ポッター』シリーズのようなボリュームのある物語を親子で毎日、少しずつ読み進めていくのです（親が読み聞かせることもありますし、子どもと交代で読むこともあります)。

文量の多い本に移行すればするほど話に集中する必要が出てきますので、そこで交わされる対話の頻度は減るかもしれません。

しかし、なんらかの形で一緒に本を読む習慣が続いていれば、たとえばひと晩ごと、1節ごと、もしくは1章ごとに、本の内容について子どもとやりとりすることができます。

これによって、はたしてその子は正しく読めているのか、きちんと読解力が育っているのかをたしかめることができるわけです。

それに、子どもが長い物語を読むことができる年齢になれば、知識も思考力も表現力もだいぶ発達しているはずですから、「あなたが主人公だったらどうする?」「お母さん(お父さん)ならこう考えるけど、あなたは?」といった、「本人なりの考え方」に鋭く切り込むような問いかけがよりいっそう効いてきます。

1冊の本を親子で一緒に読むという経験を経て、子どもが読書家として独立したあと、「あの本、読んだ? どう思う?」と批評や感想を交換して楽しむ習慣へとつながっていけば、素敵なことだと思います。

英語の本より、日本語の本で母語の言語力と思考力を育むことが大切

ダイアロジック・リーディングが、もともと言語教育のために開発されたものであることは、本書で述べてきたとおりです。

「せっかく英語圏で生み出されたメソッドで読み聞かせをするなら、ついでに子どもに早期の英語教育もしてしまったらいいのでは？」「そのためには英語の絵本を使って読み聞かせをしたらどうだろう？」と考えた方も多いのではないでしょうか。

この点について、私の考えを述べると次のようになります。

・英語を含め、外国語の絵本を読み聞かせに使うこと自体は賛成

・ただし、言語教育の姿勢としては、まず母語をしっかりと育てることを重視すべき

たしかに、幼いうちから英語に触れさせれば、子どもは英語の単語や表現をすぐに覚えます。

とはいえ、それが英語という言語の習得につながるかどうかは別問題です。

いまの子どもたちは、YouTubeなどで英語に親しんでいます。

私がよく会う教え子の子は、おいしいものを食べたら「Yummy」と言いますし、ものを落としたら「Oh! no!」と叫んだりします。

ただ、**これはいくつかの英語の表現を感覚で覚えているだけで、英語という言語を習得しているのとは違います。**

最近では、子どもを英語で教育する幼稚園に入れている人もいます。

私の同僚だった方のお孫さんは、1歳から5歳まで英語幼稚園に通っていたのですが、その間にかなり英語を話せるようになりました。

「散歩しているときに、“I see lots of people walking.”（たくさんの人が歩いているのが見える）と言ったから驚いた」という話を聞きましたから、相当複雑な文法を身につけていることがわかります。

ただ、幼児教育である程度英語を聞いたり、話したりできるようになっても、その後、普通の小学校に入ると英語を忘れてしまうことがほとんどです。

幼稚園から英語で教育して、引き続き英語力を伸ばしていくには、小学校からはインターナショナルスクールに入れるくらいでないとうまくいきません。

言語を学ぶために重要なのは、持続性です。

途切れることなく長期にわたって学ぶ、生活のなかで使う、という経験があってはじめて言語習得が可能になるのです。

もし、子どもにこの先も英語環境を与え続けると決意されているなら、英語での読み聞かせもいいでしょう。しかし、そこまで考えていないのであれば、読み聞かせに英語教育としての効果は期待しないほうがいいと思います。

それよりも、日常生活で使う母語（日本語）の絵本で、思考力と言語能力をしっかりと育ててあげることをまずは優先するべきです。こうして培った力が、後に本格的に外国語を学ぶときにも生かされるはずです。

もちろん、読み聞かせのときに英語をはじめとする外国語の絵本を使うのが無意味かというと、そうではありません。

世界には、自分が使っていることばとは別の言語があること。

自分の知らない言語を使って生活している人がいること。

それを学ぶことは、異文化に対する子どもの感覚を養ううえでとても有意義です。

「英語の早期教育」とかまえるのではなく、あくまでも楽しい読み聞かせのなかのひとつのバリエーションとして、子どもと一緒に楽しむことをおすすめします。

時間の長さよりも、読む時間を決めて習慣化することが大切

絵本を読んでもらうのは、子どもにとって楽しい時間です。

読み聞かせは、その子が楽しく絵本に集中できる範囲で、無理なくやっていけばいいでしょう。

よく「どれくらいの時間読み聞かせを行えば効果的か」と聞かれますが、私はいつも「時間の長さについては考えなくていい」と答えています。

それよりも大切なのは、いつ読み聞かせをするかを決めて、習慣化すること。

たとえば、「寝る前には必ず絵本を読む」とか、「毎日園から帰ってきたら読み聞かせをする」というようにです。

毎日の読み聞かせが難しいようなら、週末は必ず読むと決めてもいいでしょう。時

間帯を決めることで、絵本を読むことが習慣になるからです。

私が授業で繰り返し「絵本を読むことは大切ですよ」と言うのを聞いていたある学生は、幼稚園に通っている小さな弟に読み聞かせをすることにしました。

高校生の妹と交代で、毎朝読み聞かせをしばらく続けていたら、それまでは朝起きるとテレビをつけていた弟が、絵本を持って「読んで」とやってくるようになったそうです。

これが、習慣化です。

読み聞かせを習慣化することによって、子どもはますます絵本が好きになり、それが将来の読書習慣にもつながっていきます。

そもそも、子どもは大人が自分に注意を向けてくれることを喜びます。かまってもらえるのがうれしいのです。毎日でも、週に何回かでもいいのですが、親が自分のために一定の時間を割いてくれていることは子どもにも伝わりますし、親子にとって大切な時間になるはずです。

可能であれば、父母両方で読み聞かせを

総務省が行なった「社会生活基本調査」（平成28年）によると、6歳未満児のいる世帯の父親の家事・育児時間は1時間23分（うち育児時間は49分）です。

一方、母親は7時間34分（うち育児時間は3時間45分）を家事・育児に費やしていると報告されています。

これに対し、アメリカでは、父親の家事・育児時間は3時間25分（うち育児時間は1時間20分）で、母親は6時間1分（うち育児時間は2時間18分）という結果です。父親の育児時間が増加すると、母親の負担が減少すると考えられます。

私がアメリカ留学時にお世話になったバトラー家の父親（ジム）も、毎日の朝食を担当していましたし、夕食もよくつくっていました（ちなみに、私のお気に入りはジムがつくるポテト料理でした）。

家事をする父の姿を見て育った2人の息子たちも、いまでは父親となりましたが、自然と家事や育児に参画しています。

アメリカの母子の読み聞かせの研究協力家族と、幼稚園で待ち合わせていたときには、こんなこともありました。

父親がやってきたので「今回の研究はお母さんにお願いしていたのですが……」と告げたところ、「え、そうだったの。僕も読むから、自分でいいんだと思った」と当たり前のように言われたのです。

ハーバード大学で学んでいたときにも、父親や男性も子どもに絵本を読むことが奨励されていました。

理由は、もともと、保育園や幼稚園では女性の先生の比率が高いため、家庭で母親だけが読み聞かせをすると、「本を読むのは女性の役割」という固定観念を子どもに与えかねないからです。

また、ウーロンゴン大学のダーズマ氏の研究によると、父親と母親では読み聞かせ方が違うとの結果が出ています。

母親は絵のなかのものの名前を質問したり、数を数えさせたりしますが、父親は本のなかの出来事やものを実生活と結びつけて子どもとやりとりすることが報告されているのです。

ダイアロジック・リーディングで考えると、母親は「何質問」、父親は、「決まった答えのないやりとり」「子どもの生活と関連した質問」をすると言えます。

たとえば、絵本にはしごが出てくると、父親は「この前、はしごに登って屋根の修理をしたね」と話をふくらませたりするわけです。

さらに、父親は抽象的で複雑なことばを使う傾向にある、とも報告されています。

一方で、子どもと一緒に過ごす時間の長い母親は、発達段階を心得ているため、そのレベルに合わせて話すことが多いようです。

もちろん、家庭環境はさまざまですので、状況が許せばということにはなりますが、可能であれば、父母両方で読み聞かせを行うようにしましょう。

絵本選びは子どもと一緒に。図書館や書店に行くことも教育

子どもがお気に入りの絵本を何度も読んでもらいたがるのは自然なことです。

本人が楽しんでいるのなら、繰り返し読んであげましょう。

ダイアロジック・リーディングが習慣になれば、そこで交わされるやりとりも必然的に変わっていきますし、子どもの話す内容も変化し、広がっていくはずです。

大好きな絵本を繰り返し読むことも、子どもの成長につながります。

とはいえ、いろいろな絵本を読んで新しい刺激を受けることも大切です。

そこでおすすめなのは、図書館や書店に子どもを連れていって、子どもに絵本を選んでもらうことです。

これまで見たこともないほどたくさんの本が並んでいる場所に行くことは、それ自

体、子どもにとって楽しい体験です。

たくさんの本を前に「どれを読んでみたい?」と声をかければ、子どもはきっと自分の興味のある1冊を選ぶはずです。

図書館の絵本コーナーは、対象年齢ごとに本を分類してあることも多いので、子どもも自身で本を選びやすいのが利点です。

頻繁に通うことで図書館を身近に感じるようになり、利用法も自然と学べるようになれば、それは大きな財産になります。

書店も最近はカフェを併設してあったり、児童書コーナーに小さな椅子や靴を脱いで上がれるスペースを設置してあったりするところが増えています。

休日の行楽を兼ねて、こうした書店に家族で出かけるのもいいですね。

どんな本を選べばいいのかについてもよく質問されることがあります。

大前提としては、読み聞かせで最優先すべきは子どもが興味を示しているかどうかです。大人としては教育的な効果をつい優先してしまいがちですが、子どもが嫌がっているのであれば、無理強いするメリットはありません。

たとえば、男の子がいるご家庭で「読み聞かせをするときに子どもがいつも恐竜や乗り物の図鑑を持ってくるので困る」という親がよくいらっしゃいます。

しかし、本来、それは困りごとでもなんでもありません。

考え方を変えれば、子どもが夢中になっている本のほうが、いろいろな問いかけに喜んで答えてくれるでしょう。それも立派なダイアロジック・リーディングなのです。

逆に、親の立場からのアドバイスとしては、「質問しやすい本」を選ぶことをおすすめします。

いろいろなことばを教えたり、見る力を養うためには、ディテールの細かい絵が描かれた絵本のほうが対話のきっかけを見つけやすいでしょう。そのなかで、自分が質問しやすいなと思う絵本を選ぶことが大切です。

もし絵本選びで迷った場合は、『絵本で子育て 子どもの育ちを見つめる心理学』（秋田喜代美、増田時枝著・岩崎書店）という本がおすすめです。

子どもの発達別に絵本が紹介されていますので、本選びの参考になることでしょう。

保育園や幼稚園などでは、小さなグループに分けて行うのが効果的

本書の読者のなかには、ご自身の職場にダイアロジック・リーディングを導入したいと考える、保育園や幼稚園の先生もいらっしゃるのではないでしょうか。

ここまで述べてきたように、ダイアロジック・リーディングは対話を通じてどれだけの付加価値を与えられるかが鍵を握ります。ですから、子どものことばを１００％受け止め、広げていくことができる1対1が理想です。

しかし、保育園や幼稚園で導入する場合、そうはいきませんよね。

とはいえ、少人数ほど効果があることは間違いありません。

実際、10人を超える規模になってくると、先生の問いかけひとつでクラスは大騒ぎ。まったく収拾がつかないというわけではないものの、あまりに発言が多すぎると先生

が子どもたちの発言を拾いきれなくなります。

せっかく発言したのに、無視されることが続くと、その子は発言することに対して消極的になることもありますので、そこは十分注意してください。


保育園や幼稚園では、クラスを小さなグループに分けて行うことをおすすめします。

実際、アメリカの幼稚園でも読み聞かせはだいたい5〜7人くらいのグループで実施されています。

それでも子どもたちがいっせいにしゃべると、すべての発言を拾い上げることは難しいかもしれませんが、そのなかで、できるだけ偏りなく子どもたちのことばを受け止める努力をしてあげてください。

おわりに

最後まで読んでいただき、ありがとうございました。

ハーバード大学教育学大学院博士課程の学位授与式の前日には、「ロービングセレモニー」という儀式があります。それぞれの研究の指導教員であったアドバイザーの教授から、学生へのひと言とともに、博士の象徴となるローブ（ガウン）にフードをかけてもらうのです。

私は、アドバイザーから、「博士課程へ入学する学生は、博士論文のテーマが揺らぐことも多いもの。しかし、Ｅｉｋｏは入ってきたときから一貫して絵本の読み聞かせを行うと決めており、いっさいのブレがありませんでした」と声をかけていただきました。

ハーバードでの辛く、苦しく、しかし楽しい学びの日々の成果が、今回このような書籍となることには、感慨深いものがあります。絵本の読み聞かせの研究の面白さを教えていただいた、ハーバード大学の教授陣にご恩返しができたのではと思います。

帰国後、私はさまざまなところで「ダイアロジック・リーディング」の啓蒙活動に取り組んできました。

とくに、人気テレビ番組『世界一受けたい授業』に出演後、いっそう多くの講演依頼を受けるようになったことは、うれしい驚きでした。

とはいえ、「大人と子どもがやりとりをしながら絵本を読む」という方法が、日本の読み聞かせの主流になったかといえば、そうではありません。

いまでも、保育園や幼稚園では、静かに先生の読む物語を「聞く」という姿勢が育まれています。

また、一般家庭では、「想像力を培う」という趣旨で、一方通行の読み聞かせが行われていることが、アンケート結果からも明らかです。

本文でも述べましたが、本書は、そのような読み方を否定するものではありません。

しかし、本書でお伝えしたメソッドを、「思考力」「読解力」「伝える力」を育むための選択肢のひとつとして取り入れていただければ、絵本の新たな魅力や楽しみ方を発見していただけるはずです。

子どもの成長過程で、これらの能力を育むことは重要です。そして、それらは家庭、学校、社会のなかでしか培われることはありません。

ダイアロジック・リーディングを実践していただければ、子どもは「ああ、本というのは、こうやって読んでいくのか！」と、自ら学んでいってくれることでしょう。

仕事と子育ての両立に忙しいご家庭でも、1日わずか15分、子どもと向き合う時間をつくるだけで、子どもの能力に与える影響は、計りしれないものとなるのです。

最後に、本書を企画してくださった、かんき出版のみなさまに、心より御礼申し上げます。

そして、いつも私の原稿に目をとおし、コメントしてくれる夫にも感謝しています。

著者

参考文献

◆ Whitehurst, G. J., Falco, F., Lonigan, C. J., Fischel, J. E., DeBaryshe, B. D., Valdez-Menchaca, M. C., & Caulfield, M. (1988). Accelerating language development through picture-book reading. Developmental Psychology, 24, 552 - 558.

◆ Duursma, Elisabeth. (2016).　Who does the reading, who the talking? Low-income fathers and mothers in the US interacting with their young children around a picture book.First Language, 36(5), 465-484.

◆ Nyhout, A., & O'Neill, D. K. Mothers' complex talk when sharing books with their toddlers: book genre matters. First Language, 33(2), 115-131, 2013.

◆「学力向上のための基本調査 2006」（ベネッセ教育総合研究所）

◆『ディック・ブルーナのすべて All about Dick Bruna』（講談社）

【著者紹介】
加藤　映子（かとう・えいこ）
◉――大阪女学院大学・短期大学学長／大阪女学院大学国際・英語学部教授。Ed.D（教育学博士）。ボストン大学を経て、ハーバード大学教育学大学院（教育学修士・博士）に入学。同校で、本書のテーマである「ダイアロジック・リーディング」に出合い、研究を重ねる。1998～2001年、フルブライト奨学生。専門分野は「言語習得」と「最新テクノロジーを活用する教育」。
◉――現在は、「子どもとことば」「絵本を通してのことばの発達」を研究課題としており、絵本の読み聞かせにおける母子のやりとりや読み書き能力の発達に関する親の意識調査などを行う。一方で、教員を対象とした「子どものことばを育てる読み聞かせ」ワークショップも行うなど、日本における「ダイアロジック・リーディング」の第一人者として普及活動に尽力している。
◉――季刊絵本新聞『絵本とことば』（H・U・N企画）への寄稿や、『世界一受けたい授業』（日本テレビ）に過去３度出演するなど、メディア出演多数。本書が初の著書となる。

思考力《しこうりょく》・読解力《どっかいりょく》・伝《つた》える力《ちから》が伸《の》びる
ハーバードで学《まな》んだ最高《さいこう》の読《よ》み聞《き》かせ

2020年11月２日　　第１刷発行
2024年９月２日　　第５刷発行

著　者――加藤　映子
発行者――齊藤　龍男
発行所――株式会社かんき出版
東京都千代田区麴町4-1-4 西脇ビル　〒102-0083
電話　営業部：03(3262)8011㈹　編集部：03(3262)8012㈹
FAX　03(3234)4421　　振替　00100-2-62304
https://www.kanki-pub.co.jp/

印刷所――TOPPANクロレ株式会社

　ISBN978-4-7612-7514-3 C0037